Cada día hablo desde la radio a gente que está hasta arriba de deudas... demasiado a menudo como resultado de comprar cosas que no necesitan solo para equipararse a las perspectivas de los demás. *Ego en el altar* nos recuerda que nuestra verdadera identidad se encuentra en Cristo, no en las cosas o personas que acechan a nuestro alrededor.

—Dave Ramsey, autor de best sellers y presentador nacional de radio

Para ser quien Dios quiere que seamos y vivir del modo que Dios quiere que vivamos, tenemos que conocer lo que Dios dice que somos. Este es un libro práctico que te ayudará a entender quién eres, lo que transformará aquello que hagas.

—Mark Driscoll, pastor fundador de la Mars Hill Church

Ego en el altar rompe las cadenas de la complacencia para ayudarnos a creer con mayor fe y orar con más valentía. Me encanta este libro: las historias son cautivadoras, las enseñanzas inspiran, y su mensaje perdurará mucho tiempo después de haberse girado su última página.

—Lysa TerKeurst, autora de *Fui hecha para desear* y *Unglued*

Si nunca te has enfrentado a tu propósito en la vida y no estás seguro de lo que vendrá a continuación, *Ego en el altar* es para ti. Muchas veces buscamos nuestro valor fuera de los dominios de Dios. Lo encontramos en nuestros logros, nuestra belleza, o en nuestro estatus. Sacrifica tu ego y descubre lo que es posible alcanzar con Dios de tu lado.

—John C. Maxwell, autor, conferenciante y experto en liderazgo

Los logros de Craig Groeschel le han hecho merecedor de compartir este mensaje. Pero es su actitud de humildad y su espíritu abnegado lo que le convierte en el hombre de Dios más importante que he conocido. *Ego en el altar* te desafiará a dejar a un lado tu antigua vida y adquirir el carácter de Cristo.

—Steven Furtick, pastor y líder en la iglesia Elevation Church; autor de *Greater*

La mayoría de nosotros cambiaríamos unas pocas cosas en nuestra vida, pero Craig Groeschel nos ayuda a entender que no podremos tener una nueva vida hasta que no obtengamos una nueva identidad en Cristo. Una vez dejemos que Jesús nos diga quiénes somos, cambiará lo que hacemos.

—Kyle Idleman, autor de *No soy fan*

Si en más de una ocasión tu autoestima ha dependido de tu actuación sumada a la opinión de los demás, este libro es para ti. *Ego en el altar* te ayudará a pasar de limitar a Dios a exaltarle, y esa diferencia te llevará a ser quien has sido llamado a ser.

—Ken Blanchard, coautor de *El m~~~~~~~~~~~~~~~ Jesús*

Craig Groeschel me dijo hace años que el camino más rápido para olvidar lo que Dios dice de mí es centrarme en aquello que los demás dicen de mí. Craig nos abre los ojos de la realidad: no es lo que otros dicen de nosotros, sino lo que Dios dice, lo que desencadena una vida rebosante de libertad y gozo antes que de culpa y preocupación.

—PERRY NOBLE, pastor principal en la iglesia NewSpring Church;
autor de *Unleash*

Vive la vida que Dios te llama a vivir. Craig Groeschel nos llama a una relación honesta y regeneradora con Jesucristo. Todo trata de él y de lo que nos hizo ser para su gloria. Lee y aplica las verdades de este libro a tu vida.

—DR. JAMES MACDONALD, pastor principal en la iglesia Harvest Bible Chapel;
autor de *Vertical Church*

Craig Groeschel cree en ti, y está preparado para noquearte con la verdad acerca de quién eres realmente. *Ego en el altar* nos inspira y entrena para sacrificar aquellas imágenes perjudiciales de nosotros mismos que hemos manipulado cuidadosamente de manera que podamos dar rienda suelta a nuestras verdaderas identidades dadas por Dios.

—TONY MORGAN, autor, capacitador de líderes y consejero;
TonyMorganLive.com

Ego en el altar de Craig Groeschel es uno de esos raros libros que Dios usa para insuflar un cambio a tu vida. No eres quien crees que eres. Eres quien Dios dice que eres.

—KERRY SHOOK, pastor fundador de la iglesia Woodlands Church:
coautor de *Un mes para vivir* y *Love at Last Sight*

Craig Groeschel siempre escribe del modo en que yo necesito leer, en el sentido en que necesito leerlo. En *Ego en el altar*, Craig nos compele a mirar en nuestro interior y considerar quiénes somos, y quién es Dios, de manera que podamos vivir unas vidas más edificadas y espiritualmente saludables.

—JUD WILHITE, pastor principal de la iglesia Central Christian Church;
autor de *Pursued*

Ninguno de nosotros es quien quiere ser. Cuando te miras al espejo, ¿te sientes decepcionado con el rostro que te mira? Si es así, espero que leas este libro. Deja de preocuparte por la persona que no eres y comienza a vivir en la realidad de quién dice Dios que eres realmente.

—GREG SURRATT, pastor y líder de la iglesia Seacoast Church;
autor de *Ir-Rev-Rend*

Craig Groeschel es claro y auténtico compartiendo quién era y quién ha llegado a ser por la gracia de Dios. Descubrirás cómo desechar las etiquetas que te han definido, y cómo vivir con paciencia e integridad. Si deseas estar en todos los planes que Dios tiene para ti, necesitas leer este libro.

—DAVE FERGUSON, pastor y líder en la iglesia Community Cristian Church; empresario espiritual en NewThing; autor de *Exponential* y *Discover Your Mission Now*

No sé por qué somos tan visible y completamente orgullosos, impacientes y sobredimensionados en la hipocresía con respecto a los demás, pero *Ego en el altar* ayudó a reenfocar mi mirada para que pudiera ver la verdad acerca de lo que ocurría en mi interior. Aún no soy quien se supone que soy, pero *Ego en el altar* me llenó de la esperanza de que puedo convertirme en aquel que he sido llamado a ser.

—MARK BEESON, pastor fundador de la iglesia Granger Community Church

Nuestra cultura atraviesa un estado de crisis de identidad. Solemos mirar a los lugares equivocados para dirigir nuestra valía. En *Ego en el altar*, Craig Groeschel nos enseña lo que Dios dice que somos y por qué merece la pena rendirse a esa verdad y dejarlo todo sobre el altar.

—ROBERT MORRIS, pastor principal de la iglesia Gateway Church; autor de *The Blessed Live, From Dream to Destiny,* y *The God I Never Knew*

Para todo aquel que, como yo, se encuentre luchando por partir de cero con su identidad sobre un fundamento firme, y combata el deseo de la aprobación, este libro provee de una base sólida, una perspectiva de las Escrituras, y una voz honesta.

—NANCY BEACH, formadora asociada en SlingShotGroup

ego

en el

altar

Cómo ser quien Dios dice que eres

ego
en el
altar

CRAIG
GROESCHEL

La misión de Editorial Vida es ser la compañía líder en satisfacer las necesidades de las personas con recursos cuyo contenido glorifique al Señor Jesucristo y promueva principios bíblicos.

EGO EN EL ALTAR
Edición en español publicada por
Editorial Vida – 2013
Miami, Florida

© 2013 por Editorial Vida
Este título también está disponible en formato electrónico.

Originally published in the USA under the title:
Altar Ego
Copyright © 2013 by Craig Groeschel
Published by permission of Zondervan, Grand Rapids, Michigan 49530
All rights reserved
Further reproduction or distribution is prohibited.

Editora en Jefe: *Graciela Lelli*
Traducción y edición: *produccioneditorial.com*
Diseño interior: *produccioneditorial.com*

ISBN: 978-0-82976-419-2

CATEGORÍA: Vida cristiana / Crecimiento personal

IMPRESO EN ESTADOS UNIDOS DE AMÉRICA
PRINTED IN THE UNITED STATES OF AMERICA

13 14 15 16 17 ❖ 6 5 4 3 2 1

contenido

- TERCERA PARTE -
sacrificando la autojustificación
por la obediencia apasionada

Aún no eres quien se supone que deberías ser. El día que descubrí esta verdad fue un día que cambió mi vida.

Nunca olvidaré el momento en que estando en la universidad me miré al espejo y no me gustó la persona que veía ante mí. Mientras miraba con furia mis ojos resacosos y deprimidos de una fría mañana de domingo otoñal, me sentía como si apenas conociera al tipo atrapado en mi reflejo.

¿Cómo había acabado allí? ¿Por qué hice lo que había hecho la noche anterior? ¿Cómo me había convertido en la persona que era?

De algún modo había engañado durante mucho tiempo a mucha gente. Para mis profesores, yo era un «buen estudiante». Para mis padres, era un «buen chico». Para mis compañeros de facultad, era un «buen atleta». Para mis amigos, era un «buen partido».

A lo largo de mi vida había luchado para proteger mi «buena» reputación y ser lo que cualquiera quería que fuese. *¿Qué piensas de mí? ¿Te caigo bien? ¿Soy lo suficientemente bueno? ¿Encajo?*

¿Te haces preguntas de este tipo? ¿Te esfuerzas por complacer a la gente, impresionar, ganarte el respeto y el amor de los demás? ¿Te tomas lo que la gente piensa como el esfuerzo con el cual preservarás tu reputación?

El problema es que tu reputación no es quien realmente eres. Tu reputación es quién piensan los demás que eres. Tu personalidad es quien realmente eres.

En aquella inolvidable mañana, me rendí a la dolorosa verdad. Aunque mi reputación era buena, mi personalidad no lo era.

El genio del liderazgo John Maxwell dijo: «La mejor definición de éxito es que aquellos que mejor te conocen son quienes más te aman y respetan». En aquella mañana oscura en la que permanecí fijamente ante los ojos sin vida reflejados en el espejo, me di cuenta de que aquellos que menos me conocían eran los que más me querían y respetaban. Aquellos que mejor me conocían... bueno, nadie excepto yo conocía mi verdadero yo. Nadie me conocía mejor de lo que me conocía a mí mismo. Y no era solo que no me quisiera ni me respetara, sino que me despreciaba.

> Aún no eres quien se supone que deberías ser.

Muchos me habían etiquetado de buena persona, pero nada más lejos de la verdad. Yo no era bueno. Era mentiroso, faltaba a compromisos y contaba medias verdades cuando convenía a mis propósitos. Era un truhán, tomando aquello que no me pertenecía para mejorar mi modelo de vida. Era un tramposo, haciendo trampas en los exámenes, o traicionando a mis novias cuando alguna más guapa pasaba por delante. La verdad sea dicha, era un completo idiota. Lo único que hacía bien era engañar a los demás.

Pero a quien no engañaba era a Dios. Tampoco me engañaba a mí mismo. Fue entonces cuando caí en la cuenta.

Aún no eres quien se supone que deberías ser.

Me esforzaba por vivir *para* la aprobación de otros antes que *para* la aprobación de Dios. Mi ego, esa identidad autoedificada que tanto me esforzaba en construir, venía de una retorcida combinación de mis complejos y las opiniones de los demás sobre mí. Si te caía bien, me sentía bien. Si no, me sentía mal. Si obtenía algún éxito, ganaba, o pasaba de curso, sentía que había merecido la pena. Si me veía limitado, perdido, o me equivocaba, sentía que había perdido el tiempo. Me quería a mí mismo únicamente bajo las condiciones de lo que suponía que sentían los demás. Aquella mañana de domingo me di cuenta de que no podía seguir así. Alguien me amaba incondicionalmente. Hasta el punto de morir por mí.

Si alguna vez te has sentido inseguro, inoportuno, o impotente, este libro es para ti. Es posible que seas como la mayoría de las personas. Intentas conseguir la atención y el valor en los lugares adecuados. Te inclinas a creer lo que otros dicen de ti antes que lo que Dios dice de ti. Afirmas creer ciertas cosas, pero en privado vives en un conjunto de creencias de doble moral. Si te autodenominas cristiano, probablemente esperarás vivir una vida que agrada a Dios, pero a menudo te encuentras intentando agradar a otros o a ti mismo.

Si te sientes identificado, tengo buenas noticias.

Aún no eres quien se supone que deberías ser.

En lugar de vivir con un ego enfocado al exterior y basado en la aprobación de los demás, vamos a descubrir cómo vivir con un altar ego. No es una errata. No me refiero a un alter ego al estilo de un superhéroe que debe proteger su verdadera identidad (Supermán haciéndose pasar por Clark Kent). Hablo de un ALTAR ego. Siguiendo la Palabra de Dios, aprenderemos a sacrificar nuestra imagen mundana y dejaremos que Dios la reemplace por su visión. Más que definir nuestro valor de acuerdo a quién somos según la opinión de los demás, viviremos a partir de la verdad de quién somos en Cristo. Colocaremos todas esas falsas etiquetas y motivaciones egoístas sobre el altar de la verdad de Dios y descubriremos quiénes somos verdaderamente como hijos e hijas suyos.

En este libro te mostraré de forma específica quién dice Dios que eres. Eres su obra maestra, creado perfectamente dentro de su imagen para hacer lo que ya había planeado anteriormente que harías. Eres un vencedor, capaz de llevar adelante todos los desafíos de la vida gracias a la fuerza interior de Dios a través de su Espíritu Santo. Eres un embajador, un enviado de Dios desde el cielo a la tierra para representarle. No eres aquel que los demás dicen de ti. Eres quien Dios dice que eres.

Mientras descubres tu verdadera identidad en Cristo, tu altar ego conducirá tus acciones, fortaleciéndote para vivir de acuerdo a los valores más elevados de Dios, no según los bajos instintos de este mundo. Así, cuando sepas quién eres, vivirás con una confianza profunda en el llamado de Dios. En vez de vivir un cristianismo tímido, pusilánime y superficial, vivirás con valentía en la confianza de que Dios cree en ti.

¿Estás dispuesto a dejarlo todo sobre el altar?

Hace casi veinticinco años me planté frente al espejo y no podía reconocer a la persona que veía enfrente de mí. En aquél momento no tenía ni idea de cuánto cambiarían aquellos instantes mi trayectoria vital. Aunque odiaba quién era, encontré la esperanza de que podía convertirme en aquel que había sido llamado a ser. Pero, por primera vez en mi vida, también sabía que no podría hacerlo solo. No necesitaba intentarlo con más ganas. No tenía que pasar una nueva página. No tenía que ponerme manos a la obra y darme un discurso de ánimo. Necesitaba hacer morir mi yo. Y dejar que Cristo viviese en mí.

Y en una serie de acontecimientos que solo Dios podía haber orquestado, aquello fue lo que hice. A solas, en un campo de softball a menos de noventa metros de mi enfrentamiento solitario con el espejo, me arrodillé ante el Dios santo y entonces me levanté como una persona muy diferente. Inconscientemente, había hecho del suelo de césped bien regado un altar. Arrodillándome ante Dios, dejé atrás al viejo Craig Groeschel. Desde aquel momento, no volvería a quedar solo. Cristo estaba conmigo. Viviendo en mí. Amándome. Cambiándome.

El apóstol Pablo dijo: «Con Cristo estoy juntamente crucificado, y ya no vivo yo, mas vive Cristo en mí» (Gá 2.20). Esto fue lo que me sucedió. Por fe, mi antigua vida había muerto, crucificada con Cristo. Todas las mentiras, todas las trampas, toda la malversación fueron perdonadas y eliminadas.

Ya no tendría necesidad de que los demás me definieran. Cristo se convirtió en mi identidad.

Aunque Dios me transformó espiritualmente en un instante, me llevó años comprender quién era como hijo de Dios, y este es un proceso continuo.

Para aprender quién era, tuve que aprender quién no era.

Tú no eres lo que los demás piensan sobre ti.

Tú no eres tu pasado.

Tú no eres lo que hiciste.

Tú eres quien Dios dice que eres.

Si no eres seguidor de Cristo, mi meta es ayudarte a serlo. Si eres cristiano, entonces mi oración es que Dios use este libro para ayudarte a vivir con un altar ego. Si ya estás listo para empezar a convertirte en aquel que fuiste llamado a ser, este libro es para ti.

sacrificando tu falso ego por tu sagrada identidad en Cristo

superar las etiquetas que te atan

No confíes demasiado en las etiquetas,
pues se equivocan demasiado a menudo.
—Charles H. Spurgeon

No es ningún secreto que desde siempre he sido financieramente conservador... o al menos ese es el modo que tengo de describirme. Algunos no han sido tan amables con sus descripciones acerca de mis hábitos cuidadosos con el gasto. El dicho que más a menudo he escuchado es «Craig el Tacaño», cosa que encuentro un poco exagerada. Sencillamente, soy más responsable fiscalmente que otros, racionalizo.

En mis años de adolescencia y de joven universitario, mi egoísmo financiero no sobresalía tanto. Ninguno de nosotros tenía mucho dinero para gastar, de manera que no se hablaba del ahorro. Seguramente habrías sido capaz de detectar signos de egoísmo. Dejar conducir a un compañero para así no tener que pagar gasolina. Olvidar casualmente el cumpleaños de un amigo y el regalo consiguiente. De hecho, en la universidad, algunos colegas desataron rumores de que yo había roto con una chica antes del día de San Valentín ¡solo para evitar regalarle algo! Que conste que, de haber hecho algo tan repugnante, no lo hice más que una o dos veces.

Cuando llegué a la edad adulta, con un trabajo auténtico que recibía un salario auténtico (auténticamente bajo, pero auténtico no obstante), esas tendencias egoístas se hicieron más obvias. Cuando Amy y yo nos casamos, mi salario anual era de doce mil dólares al año. Con el objetivo de librarnos de deudas, recortamos en hacer regalos caros a nuestros amigos y familiares. Los primeros años, nuestro presupuesto para Navidad era de cinco dólares por persona. Puesto que la gente se reía de nosotros, al final escarbábamos para subir nuestro presupuesto a unos generosos siete dólares por persona (antes de que me juzgues, recuerda que con siete dólares se podía llegar muy lejos en 1991).

El hábito definitivo que cimentó mi reputación, sin embargo, fue el de reciclar regalos. Cualquiera con el don de la tacañería cuenta con un regalo reciclado, o dos, en su haber. Confieso que he mejorado y he elevado el reciclaje de regalos a la categoría de arte. No solo me negaba a que mis hijos despegaran el celofán de sus regalos sin antes asegurarme de que podríamos dárselos a otros chicos que lo necesitaran, sino que era habitual que entregara a otros tarjetas de regalo que yo mismo había recibido. Lo más gordo de todo era cuando alguna vez me descubrían haciéndolo. De hecho, todos sospechaban de mi crimen, pero nadie pudo jamás probarlo, hasta el día que regalé una tarjeta de regalo para Chili's a Mike.

Mike era un pintor que a veces venía a trabajar a casa. Dado que Mike hacía un buen trabajo y no era cristiano, quise tener un buen detalle ofreciéndole una propina. Por no querer soltar un dinero extra, hurgué por mi mesa hasta que di con una tarjeta de regalo para un restaurante Chili's. El pequeño sobre en el que venía tenía fijada la cantidad, y Mike pareció verdaderamente impresionado de recibir una tarjeta con veinticinco dólares en total. Era una apuesta segura; Mike quedó recompensado y yo no tendría que gastar ni un centavo.

Poco después, Mike me llamó.

—¡Craig! —dijo—. Todo el mundo me había dicho que eras un tacaño, ¡pero esto es ridículo! —yo escuchaba voces y el entrechocar de platos y cubertería de fondo.

Oh, no. Mi mente se activó. *¿Qué he hecho? ¿Cómo se ha enterado?*

—Estoy en Chili's con un amigo y he intentado usar la tarjeta que me regalaste —dijo Mike; sus palabras venían hacia mí tan veloces que apenas podía entenderle—. Nuestra cuenta asciende a unos veinte dólares.

—Sí —respondí, más preguntando que afirmando.

Mike no contuvo su ira mientras me gritaba.

—¡La estúpida tarjeta de regalo que me diste solo tenía crédito para 2.43 dólares!

Había regalado una tarjeta usada. Supongo que me había ganado mi poco dudoso apodo de Craig el Tacaño.

LEER LAS ETIQUETAS

No soy el único al que le han encasquetado una carga de identidad. No tienes que pensar mucho ni intensamente para nombrar a personas que han sido etiquetadas. Está Atila… el Huno. Está Conan… el Bárbaro. Billy… el Niño. Buffy… la Cazavampiros. Y el favorito de mi infancia, Winnie… the Pooh. Correcta o equivocadamente, la gente es conocida por lo que hace. Tiger Woods ha sido conocido por ser el mejor golfista del mundo. Por desgracia, debido a sus actividades extralaborales, ahora se le asignan etiquetas menos favorables. Algunos nombres de personas hasta se convierten en sinónimos de sus crímenes o errores. Nadie quiere ser un Benedict Arnold o un Tomás el Dudoso.

He sido propietario del alias negativo que me he ganado, y voy a pedirte que hagas lo mismo. Incluso si no mereces totalmente llamarte de ese modo. Es importante estar agradecido por tu etiqueta en lugar de pretender que no existe o que no te molesta. ¿Cuál es la etiqueta que sigue a tu nombre?

Quizá seas Pam la Complaciente, que dejas que los demás te adelanten, que rara vez lucha por sus derechos o por aquello que realmente quieres en la vida. Debido a tu naturaleza pasiva, has sido etiquetada de felpudo o monigote. Siempre te ha inquietado lo que la gente piensa, preocupada por si les molestabas, herías sus sentimientos o les defraudabas de alguna manera. Parece que la gente te ha tachado de insegura, dubitativa, o ansiosa.

O quizá seas más como Evan el Evasivo, alguien que pospone las decisiones, siempre tratas de mantener abiertas tus opciones. Las promesas te hacen sentir atado. Así que la gente dice que eres poco fiable o incumplidor.

O puede que siempre te sientas herido en tus sentimientos y la gente camina de puntillas a tu alrededor porque eres considerado como extremadamente sensible.

Quizá pierdes tu chispa más fácilmente que la mayoría. Tiendes a decir lo primero que te viene a la mente. La gente te ha etiquetado de borde y amargado, impulsivo.

O bien tienes tantas cosas en la cabeza que de vez en cuando olvidas devolver una llamada o un mensaje. Sueles llegar tarde a las reuniones, si no siempre. Y has sido etiquetado de irresponsable.

Es posible que hayas sido el centro de demasiadas fiestas. Has vivido el lado salvaje de la vida y has tenido más juergas nocturnas de las necesarias, y has sido etiquetado como el fiestero que no es más que un mujeriego.

O puede que no sientas que sobresalgas mucho en nada. No eres el peor, pero de hecho tampoco eres el mejor. Y durante la mayor parte de tu vida has sido el tipo corriente. El Mediocre.

IDENTIDAD SECRETA

Sin importar lo que hayas hecho o no, el poder de Dios es lo suficientemente grande como para cambiarte. No hay pecado demasiado grande para la gracia de Dios. No hay hábito demasiado grande para su cura. No hay etiqueta demasiado fuerte para su amor. Deja que te lo diga de nuevo, porque quiero que lo creas: el poder de Dios es mayor que tu pasado.

Y su poder tiene la raíz en su amor por ti. Él sabe quién eres de verdad y no importa la etiqueta que otros te pongan... o la que te hayas puesto tú mismo. Lo que es cierto sobre ti ahora no tiene por qué ser cierto sobre ti después. El objetivo no consiste en reinventarte a ti mismo esforzándote en ser una persona perfecta, sino en permitir que Dios realice un cambio radical destapando tu verdadero yo a su imagen redimida a través de Cristo. Lo que una vez fue ya no tiene que serlo. Dios puede romper y romperá las etiquetas que te han mantenido como rehén.

Fuiste hecho para algo más de lo que te conformas con ser. Sabes que tu vida no refleja quién eres en lo más profundo. Sabes que hay algo más, y estás cansado de conformarte con menos, pero no estás seguro de cómo avanzar. Es momento de que aprendas quién eres en realidad y de lo que eres capaz ante la eternidad.

> El poder de Dios es mayor que tu pasado.

Hay muchos mensajes compitiendo por captar nuestra atención, tratando de decirnos quiénes somos y lo que debemos hacer, dónde debemos comprar y a quién debemos votar, a quién debemos aclamar y a quién debemos condenar. Pero si nos hemos comprometido a seguir a Jesús y hemos aceptado la tarjeta de regalo definitiva de la salvación, que lleva un saldo infinito para los cargos por nuestros pecados, entonces solo hay un modo de saber quiénes somos y cómo debemos vivir.

Superar las etiquetas equivaldría más bien a una revolución acerca de quién piensas que eres. ¡Puede que ni te reconozcas a ti mismo cuando acabes este libro! Mi esperanza es que descubras una mayor armonía y paz en tu vida, un ajuste mayor entre tus creencias y tu comportamiento. Que no seas nunca más una colección de etiquetas unidas a tu aceptación de la percepción que otros tienen de ti. Verás la verdad acerca de quién eres y cómo vivir en la libertad de ser quien realmente has sido llamado a ser.

HOLA, MI NOMBRE ES...

Cuando me convertí en cristiano, cargaba con más etiquetas además de Craig el Tacaño. Algunas personas me conocían como el tipo de la fraternidad que estaba en el centro de la fiesta. Los que estaban fuera de nuestro mundillo solían llamarme tonto arrogante. En conclusión, sentía que había cometido la mayor parte de los pecados que una persona podía cometer. Como compartía en mi introducción, la imagen de mí mismo era inferior a la de un gusano que escarba en la suciedad. No solo me desagradaba en quién me había convertido; me odiaba completamente.

Esta es la razón por la cual la verdad de Dios sobre quién soy transformó mi vida y mi esperanza. Pablo escribe: «De modo que si alguno está en Cristo, nueva criatura es; las cosas viejas pasaron; *¡he aquí todas son hechas nuevas!*» (2 Co 5.17, el énfasis es mío). No importa lo que otros hayan dicho o lo que creas sobre ti, incluso si las etiquetas negativas son auténticas, Dios puede darte una nueva visión de ti. Comenzará por ponerte un nuevo nombre. A lo largo de las Escrituras hay múltiples ejemplos de Dios dando nuevos nombres para reemplazar las viejas identidades y reflejar las nuevas realidades. Isaías 62.2 dice: «Te será puesto *un nombre nuevo*, que la boca de Jehová nombrará» (el énfasis es mío).

¿Puedes imaginártelo: el Señor del universo otorgándote un nuevo nombre para reemplazar una vieja y dolorosa etiqueta? Dios dio a Abram y a Sarai nuevos nombres: Abraham y Sara, significados para padre y madre en muchos países. Sus nuevos nombres apuntaban a la promesa de Dios de las bendiciones que vendrían. Dios cambió el nombre de Jacob, que significaba embaucador o impostor, a Israel, el nombre de los elegidos por Dios.

En el libro de los Jueces, leemos sobre un tímido líder llamado Gedeón. En nuestra primera impresión, vemos a Gedeón escondiéndose en un lagar, asustado de los enemigos, los madianitas. Pero cuando un ángel del Señor se aparece a Gedeón, el ángel le llama «valiente guerrero». Gedeón, fortalecido por Dios, creció en el verdadero significado de su nombre. Dios hará lo mismo por ti, pero debes tener la voluntad de dejar atrás el viejo nombre para crecer en la plenitud de tu verdadera identidad.

Como Gedeón y Jacob, a menudo tendemos a aferrarnos a una identidad familiar y falsa antes que entregarnos y agarrarnos a quien realmente somos. La gente nos dice que somos tímidos, de manera que nunca nos permitimos tomar el reto de conocer a gente nueva y volvernos más sociales; nos agazapamos tras la seguridad del dicho: «Yo soy así». O nos dicen que somos divertidos y siempre esperan de nosotros que rompamos con un chiste o repartamos frases ingeniosas, sin desafiarnos a usar el intelecto tras el humor para algo más sustancial.

Observé este fenómeno (y lo enfrenté) cuando conocí por primera vez a mis esposa, Amy, hace más de veintidós años, cuando ella era estudiante de segundo en la universidad. Además de su amor por Dios, quedé impresionado por su agudeza y su mente despierta. Imagina mi sorpresa cuando un día Amy dijo por causalidad que era solo una estudiante corriente. ¿Estudiante corriente? Recuerdo que pensé: ¡No hay nada corriente en esta chica! De manera que defendí con confianza que ella no era corriente en absoluto.

Amy no se movió de su autoproclamación de mediocridad. Desestimó mi observación como producto de la pasión y la adulación. Cuando traté de comprender por qué ella se sentía así consigo misma, explicó que todo el mundo (sus padres, sus profesores, sus amigos) siempre le decían que era una estudiante de la media. Desde que ella podía recordar, todos estaban de acuerdo con que no era la última de la clase y nunca se encontraría al principio. Sus notas eran en su mayoría aprobados y un puñado de suficientes que solo confirmaban este veredicto.

Tras muchos meses de conocer mucho mejor a Amy, estaba convencido de que ella creía en una mentira. Con una carga que sentía procedente de Dios, senté a Amy, la miré a los ojos, y le dije tan claramente como pude: «Solo porque todo el mundo dice algo, e incluso lo crea, no lo convierte en verdadero. Tú no eres mediocre. Dios te hizo muy, muy brillante».

Los ojos de Amy casi se empañaron cuando instintivamente me rechazó. Sin inmutarme, le sujeté firme pero cariñosamente por ambas mejillas y le dije: «Escúchame. Creo que Dios quiere que escuches esto. Escucha esto como si hablara él, no yo. Dios no te hizo mediocre. Hay grandeza en ti. Es el momento de actuar como tal». Sus ojos se llenaron de lágrimas y se clavaron en los míos. Algo cambió en aquel instante. Creo que en lugar de verse a sí misma como los demás la veían, Amy se vio como Dios la veía. El siguiente semestre lo comenzó no como Amy la Mediocre, sino con un nuevo nombre dado por Dios: Amy la Brillante. Si mi historia suena un tanto cursi y melodramática, el resultado habla por sí solo. Por primera vez, Amy consiguió un 4.0, es decir, todo sobresalientes. Con una imagen nueva y proveniente de Dios, nunca consiguió nada por debajo del sobresaliente durante el resto de sus estudios universitarios.

LA GRAN REVELACIÓN

No pasó mucho tiempo desde esta experiencia con Amy que Dios me dio un nuevo nombre también... uno que sentía inadecuado poseer. Muy poco después de formar parte del equipo de mi iglesia a la tierna edad de veintidós años, me tropecé con una mujer en nuestra oficina. Ella sonrió ampliamente y dijo, «hola, pastor Craig», y continuó caminando. *¿Pastor Craig? ¿Me estás tomando el pelo? ¡No me merezco que me llamen «pastor» nada!*

Incómodo con este título, busqué a mi jefe, Nick, y le dije que aún no estaba preparado para ser llamado pastor. No sabía lo suficiente. No era lo suficientemente bueno. Y todavía había mucho que aprender. El pastor Nick se echó a reír, me puso la mano en el hombro de un modo paternal, y dijo: «Pastor Craig, recuerdo haberme sentido exactamente como tú. No te preocupes. Ya crecerás en tu nuevo nombre».

Aquellas palabras ayudaron a cambiar mi vida, y ahora es igual de cierto para ti. Dios te dará un nuevo nombre; quizá ya lo conozcas. Quizá no te sientas merecedor de ese nombre o entiendas cómo se aplica a ti. Quizá no te sientas digno. No te preocupes. Dios te dio ese nombre nuevo, y crecerás en él. Quizá hayas hecho un montón de cosas malas y cargas con la culpa. Tu nuevo nombre dado por Dios es Perdonado. Puede que hayas luchado con un pecado continuamente, o que no te guste algo de ti. Tu nuevo nombre es Transformado. Quizá debas vivir diariamente con un daño del pasado. Has sufrido abusos y no sabes si alguna vez podrás superarlo. Tienes un nuevo nombre. Tu nombre es Sanado.

> Cuando Dios te dé un nuevo nombre, por su Espíritu y a través de su Hijo, crecerás en él.

Podría ser que supieras que necesitas avanzar y conducir a tu familia hacia la perfecta voluntad de Dios. Dios te llama Líder Espiritual. Quizá hayas luchado contra el sobrepeso o la falta de ejercicio durante toda tu vida. Acepta el nuevo nombre En Forma Físicamente. Si alguna vez te has sentido fracasada como madre, busca al Dios de todas las cosas y quédate con ello cuando te llame Gran y Abnegada Madre.

Cuando Dios te da un nuevo nombre, incluso si parece que no puedes cumplir con él, no tienes que preocuparte. Por su Espíritu y a través de su Hijo, crecerás en ello.

VIVIENDO CON PROPÓSITO

No solo «el Señor te concederá un nuevo nombre», sino que tu nuevo nombre incorpora un nuevo propósito. De nuevo, la Palabra de Dios es rica en ejemplos. Mi favorito es Simón el pescador, porque conecto con sus incoherencias, equivocaciones y errores bienintencionados. Como la mayoría de nosotros,

Simón no tenía las credenciales esperadas en un héroe espiritual. Muchos le describirían como inestable, impredecible, e impulsivo. Pero Jesús vio más en él que lo que otros veían. Y puedo asegurarte que Jesús ve más en ti también. Al llamar a Simón para que fuera su discípulo, Jesús dio al pescador un nuevo nombre que conllevaba un nuevo propósito (ver Mateo 16). Después de que Jesús empezara una partida de *Trivial* espiritual preguntando a sus seguidores quién era realmente, Pedro ganó el quesito con la respuesta correcta. «Eres el Mesías, el Hijo del Dios viviente». Al reconocer la verdadera identidad de Jesús, Simón da un paso adelante hacia su nuevo nombre. Jesús dijo «Bienaventurado eres, Simón, hijo de Jonás, porque no te lo reveló carne ni sangre, sino mi Padre que está en los cielos. Y yo también te digo, *que tú eres Pedro*, y sobre esta roca edificaré mi iglesia; y las puertas del Hades no prevalecerán contra ella» (Mt 16.17–18, el énfasis es mío). Ya no es Simón nunca más, sino Pedro. Ya no arrojará redes para los peces, sino que ahora será pescador de hombres. Dios le usará para ganar gente para el reino de Dios.

Ahora bien, si ya conoces a Pedro, incluso tras la declaración de Jesús, Pedro no siempre vivió de acuerdo a su nuevo nombre (como nosotros, aún tenía que crecer en él). En numerosas ocasiones Pedro se sintió corto de fe. Cuando los guardias detuvieron a Jesús cerca del huerto de Getsemaní, en lugar de responder como Jesús le había enseñado, Pedro recurrió a la violencia y cortó la oreja a un soldado. (Solo es una suposición, pero estoy muy seguro de que a Pedro le dio un pronto y perdió la cabeza.)

El fallo más infame de Pedro siguió los pasos de su declaración más audaz. Cuando Jesús explicó que muchos le fallarían, Pedro se defendió, prometiendo lealtad. «Incluso si todo el mundo cae y te deja —declaró Pedro con inflexible audacia— siempre estaré ahí y nunca te abandonaré» (paráfrasis de Mr 14.29). Si conoces el resto de la historia, antes de que el gallo cantara, Pedro negó haber conocido a su Señor, no una, sino hasta *tres* veces diferentes.

Aunque Pedro no viviese inicialmente según su nuevo nombre y propósito, Dios le ayudó a crecer en él. Sus importantes deficiencias le convirtieron en un mejor maestro para enseñar sobre la gracia y la redención de Dios por medio de Cristo. Ya que había sido perdonado muchas veces, sabía cómo predicar sobre el arrepentimiento y el perdón. No es de extrañar que Dios eligiese a Pedro para que fuera el orador principal en el día de Pentecostés cuando instó firmemente a la gente a dejar sus pecados y volver a Cristo.

Pedro el Flojo creció en su nuevo nombre y en su nuevo propósito: Pedro la Roca, llamado no a pescar peces, sino a pescar almas. La historia nos muestra que Pedro tuvo la muerte de un mártir debido a su fe en Cristo. La tradición dice que sus enemigos planearon crucificarle en una cruz como a Jesús para burlarse de su fe en Cristo. Pero Pedro les pidió que no lo hicieran, explicando que no era digno de morir del mismo modo que su Salvador. Muchos cristianos creen que Pedro fue crucificado boca abajo, demostrando su amor por Cristo y su negativa de acabar su vida de la misma manera que su Salvador. Puede que Pedro naciera siendo arena, pero murió como una roca.

ERES UN GENIO

Cuando Dios te ayude a superar una etiqueta destructiva, muchas veces hará lo que hizo a través de Pedro. Tomará una de tus mayores debilidades y la convertirá en uno de tus mayores poderes. Se ha dicho que nuestra debilidad es nuestro don: nuestra mayor fuerza suele dar paso a la mayor oportunidad para nuestro crecimiento. Esto es lo que Dios hizo exactamente conmigo. Mi Señor transformó mi corazón y me dio un nuevo nombre que llevaba un nuevo propósito. Cuanto más me acercaba a Dios, más creía que Dios me llamaba a una vida de generosidad radical. Conforme avanzaba el tiempo, Dios fue cambiando mi corazón desde aquel tacaño hasta el de alguien que vive para dar. Aunque empezó lentamente, crecí en el llamado de Dios. Sin duda, ahora sé que uno de mis propósitos más importantes es vivir por debajo de mis posibilidades y dar con sacrificio para marcar la diferencia en el mundo.

Esta pasión se ha derramado en nuestra iglesia. En lugar de vender productos que nuestra iglesia fabrica, nos esforzamos en dar tanto como nos sea posible. Me cuesta imaginarlo, pero más de mil pastores y líderes descargaron de la web de nuestra iglesia más de tres millones de vídeos, mensajes, artículos y obras de arte durante el año pasado. Hemos tenido el privilegio de regalar millones de aplicaciones de la Biblia de YouVersion todos los meses. Nuestra iglesia ha sido bendecida al hermanarnos con cientos de iglesias que enseñan mis clases de fin de semana cada semana a otras iglesias, totalmente gratis.

Yo puedo ser un tacaño, pero Amy y yo fuimos bendecidos para dar tanto como nuestra renta nos permite. Discúlpame si esto suena presuntuoso —no es mi intención—, pero hemos sido privilegiados al dar los derechos de mis libros, los honorarios, y los beneficios de las conferencias para bendecir a ministerios de todo el mundo. Dios tomó mi mayor debilidad (egoísmo) y la convirtió en una de mis mayores fortalezas (generosidad). Craig el Tacaño ya no existe. Dios me llama

Craig el Generoso, y aún continúo creciendo en mi nuevo nombre y propósito.

Oro para que experimentes la gracia de Dios y que él elimine la cruel etiqueta que has poseído. Quizá has pasado la vida luchando con cierta adicción. Has intentado acabar con ella pero siempre pareces fallar. Los que te rodean te conocen como el Adicto. Pero la voluntad de Dios cambia tu debilidad en fortaleza. Como Superviviente, tu nuevo nombre, vivirás con un propósito mayor.

Mientras Dios te ayuda a vencer lo que una vez te ataba, puedes hacer lo mismo por los demás. Quizá has sufrido sobrepeso durante la mayor parte de tu vida y has sido etiquetado de Gordo. Dios puede cambiar tu nombre a Esbelto. A medida que aprendes a comer bien, haces ejercicio con regularidad y tonificas tu cuerpo, puedes ayudar a los demás a encontrar la misma libertad que tú encontraste.

Puede que no te vaya bien con el dinero. Has vivido con el nombre de Manirroto o Apurado. ¡No lo aceptes como aquello que eres! Ten esperanza en Dios. Podrías empezar estudiando las lecciones de Dave Ramsey (conozco a un tipo que tiene la cara de Dave tatuada en su brazo) y, pasado el tiempo, liberarte financieramente. Entonces Dios puede usarte para ayudar a otros a encontrar la misma libertad que conoces.

Con tu nuevo nombre, Dios siempre te dará un nuevo propósito.

MODIFICA EL FUTURO

Dios no solo te dará un nuevo nombre y un nuevo propósito, sino que por su gracia y a través de su amor te dará un nuevo futuro. Jeremías expresó la bondad de la visión de Dios para nosotros de esta manera: «Porque yo sé los pensamientos que tengo acerca de vosotros, dice Jehová, pensamientos de paz, y no de mal, para daros el fin que esperáis» (Jer 29.11). Aunque sea más fácil creer en lo peor, Dios quiere que creas en lo mejor. Él nunca promete una vida ociosa libre de problemas, sino que promete no dejarte nunca y amarte siempre.

Cuando destierras fervientemente etiquetas de tu vida, puede que tengas que cambiar tus pensamientos sobre las implicaciones de esas etiquetas en tu futuro. Quizá hayas escuchado: «Siempre eres la dama de honor y nunca la novia». Esta frase aparentemente hiriente puede quitarte la esperanza de un matrimonio bendecido. No lo permitas. Quizá otros han dicho que eres alguien que simplemente no es capaz de comprometerse. O tu divorcio te inutiliza en la iglesia de Dios. Sacude esas mentiras como la caspa sobre los hombros.

Si has estado luchando con tu matrimonio, puede que te sientas tentado a creer que siempre tendrás que hacerlo. Recuerda que todas las cosas son posibles con Dios. Si te sientes como un padre inútil, creyendo que no tienes lo que hace falta para criar buenos hijos, deshazte de la mentira. Cuando sabemos quiénes somos y crecemos en nuestro propósito, Dios modifica el modo en que vemos nuestro futuro.

> Cuando sabemos quiénes somos y crecemos en nuestro propósito, Dios modifica el modo en que vemos nuestro futuro.

Mi ejemplo favorito de redención de Dios hacia un futuro mejor es la historia de la mujer de mala vida. Esta mujer es mencionada ocho veces en la Biblia. Seis de las ocho, es identificada con la oscuridad de su bochornosa profesión como

Rahab la Prostituta. A través de su negocio, Rahab se había convertido en una empresaria de éxito que llevaba una rentable actividad a las afueras de Jericó. Después de dar su cuerpo a incontables hombres, estoy seguro de que sintió el dolor que toda persona en semejantes condiciones puede llegar a sentir. Imagina sus pensamientos íntimos en sus momentos oscuros, solitarios, y honestos. *Me han utilizado. Nadie va a quererme. Después de todo lo que he hecho, jamás encontraré verdadero amor. Los hombres solo me quieren por una cosa. Si hay Dios, nunca podría quererme.*

Si recuerdas esta increíble historia, ella se encuentra con dos espías de Israel, que habían venido a echar un vistazo a su ciudad. Rahab había oído numerosas historias acerca de los milagros del Dios de Israel. Probablemente guiada por el deseo de saber más acerca de su Dios, Rahab arriesgó su vida escondiendo a los espías. Si alguien de la ciudad descubriese y denunciase su crimen, Rahab sería inmediatamente ejecutada por traición. Josué 2.11 captura una bella imagen de su curiosidad y deseo sobre Dios: «Oyendo esto [lo que Dios había hecho], ha desmayado nuestro corazón; ni ha quedado más aliento en hombre alguno por causa de vosotros, porque Jehová vuestro Dios es Dios arriba en los cielos y abajo en la tierra». En algún punto del camino, el Dios de Israel se convirtió en el Dios de una prostituta.

Las Escrituras clarifican que nuestro Dios lleno de gracia dio a la mujer manchada de pecado una nueva esperanza y un nuevo futuro. Aunque la mayoría habría creído que Rahab nunca se casaría, ella conoció a un hombre temeroso de Dios llamado Salmón, que la amaba fervientemente. Rahab tuvo un tátara, tátara, tátara, tátara, tataranieto llamado Jesús de Nazaret. Cierto, del linaje de una prostituta vino el Salvador del mundo.

¿Verdad que es la hora de desvestirte de las muchas etiquetas pegadas a tu reputación y cubren quién eres realmente? No importa quién has sido, sino en quién te puedes convertir. Y no hay nombre que pueda serte dado que sea más poderoso que el nombre de Jesús. Si Dios puede traer a Jesús al mundo a través del linaje de una prostituta, imagina lo que quiere hacer a través de ti.

eres una obra maestra de Dios

Cuando el amor y el talento trabajan juntos,

espera una obra maestra.

—John Ruskin

Voy a confesarte un pequeño secreto sobre mí: siempre he luchado con profundos sentimientos de inseguridad. La mayoría de las personas parecen pensar que soy una persona segura... incluso arrogante me han llamado. Mucha gente me dice que soy un líder natural, fuerte y equilibrado. Pero la verdad es que dudo de mí mismo a diario. O quizá no sea tan secreto. Quizá siempre ha sido obvio, y me he estado engañando tanto a que la gente no se atrevía a decirlo (¿Ves lo que quiero decir?). De cualquier manera, durante toda mi vida he estado atrapado por el pensamiento de que no soy lo suficientemente bueno, debido a preocupaciones que quizá no debí considerar.

Había esperado cuando me convertí en cristiano que mis inseguridades desaparecerían. Pero no tiene por qué ser así necesariamente. No pasó demasiado tiempo después de entregar mi vida a Cristo hasta que tuve oportunidad de hablar públicamente y enseñar la Biblia. Al principio, declinaba todas las invitaciones, incapaz de sentir que era lo suficientemente bueno como para enseñar la Palabra de Dios.

Finalmente, mi pastor me convenció para darle una oportunidad. Estaba tan nervioso que me escondí en una papelera antes de subir al púlpito, un hábito que continuó durante un tiempo. Durante años, cada vez que hablaba públicamente, mi cara se ruborizaba, mi cuello enrojecía, y sentía que no podía ni respirar. En más de una ocasión mi esposa Amy se preocupó de que me estuviera ocurriendo algo realmente serio. Pero lo único serio era que me encontraba peculiarmente nervioso.

Mientras mis síntomas físicos desaparecían nada más terminar, mi ego continuaba sufriendo. Después de hablar o predicar, convencido de que había hecho un trabajo terrible, evitaba ir hacia la puerta. («Ir hacia la puerta» es lo que hacen los predicadores cuando acaban su predicación, de manera que la gente pueda dirigirse a ellos y decirles cosas como «¡Un buen sermón, pastor!»).

Probablemente, después de una docena de intentos, recuerdo haber pensado: «Bueno, el mensaje no va a optar a ningún premio, pero me parece que esta vez lo he hecho bien». Así que decidí darme una vuelta por la puerta para ver qué ocurriría. Asustado de esperarlo, deseaba mucho escuchar a alguien que me dijera: «¡Un buen sermón, pastor!». Me hubiera animado escucharlo una única vez.

La primera persona que se me acercó era una diminuta y dulce señora que pasaba de los setenta. Sonreí ampliamente, proyectando tanto encanto como pude. Pasó junto a mí, me dio unos toques en el hombro y me preparé para recibir sus generosas palabras. Sabiendo lo amable, devota y veterana cristiana que era ella, esperé escuchar: «¡Ese fue un buen sermón!». En cambio, ella dijo: «Buen intento. Si continúa practicando, ¡puede que algún día se convierta en un auténtico predicador!». Hice lo posible por continuar sonriendo, aun cuando sus palabras se clavaron en mi ego, llevando mis antiguas inseguridades a mayor profundidad de lo que nunca habían estado.

Quizá te sientas identificado. No importa lo mucho que lo intentes, sientes que tu mejor intento no es lo suficientemente bueno. Tratas de agradar a todo el mundo, y aun así nadie parece satisfecho. Te sientes inepto, inferior, y tienes miedo a ser descubierto.

No estás solo.

TEST DE REALIDAD

Los programas de telerrealidad se empeñan en enseñarnos a personas que no son lo suficientemente buenas, personas expulsadas de la isla, a los que dicen «¡Estás fuera!», y a los que tienen menos votos de los televidentes. Uno de mis favoritos (para reírme) es *The Bachelor* [El soltero]. Cuando aterrizo en ese programa mientras hago zapping, hay un plano corto inevitable de una joven en una limusina, haciendo pucheros porque no ha conseguido una rosa: el soltero se la había negado. Ella llora: «¡Debe ser algo que no está bien en mí! ¿Qué está mal en mí?». Nunca puedo dejar de pensar: «Um. Veamos... acabas de pasar treinta minutos con un tipo al que no conocías de nada y has decidido que era el verdadero amor de tu vida. Y estás preguntando: "¿Qué está mal en mí?". ¿En serio?».

Me burlo, pero quizá hayas experimentado un tipo similar de rechazo. Te sentiste abandonado por alguien, o no conseguiste lo que querías. Pensaste que lograrías hacer más, ser más, pero nunca sucedió. Tu queja lentamente se convirtió en inseguridad, un sentimiento creciente de que no eres suficiente. Cada vez más, te encuentras pensando: «Debe ser algo que no está bien en mí». ¿Sabes qué? Tienes toda la razón; hay algo que está mal en ti. En todos nosotros. Por nosotros mismos, nunca llegaremos a nada. Pero una vez rendimos nuestras vidas a Dios, todo lo que tiene que ver con nosotros —incluyendo nuestros errores y debilidades— se convierte en materia virgen para su obra maestra.

El primer paso —y este es el primer paso en tu viaje— es reconocer que necesitas un Salvador. Sé brutalmente honesto. Tanto como si te has convertido o no a Cristo, puede que no te guste el modo en que las cosas se han descontrolado en tu vida. Tenías ideas, pero no dieron resultado. Hiciste planes, pero se vinieron abajo. Tuviste sueños, pero ahora los has perdido.

«Sé que mi vida no refleja el tipo de persona que realmente quiero ser. Algo fue mal».

«Esperaba ser más responsable con mi dinero, pero he perdido el norte gastando. Algo fue mal».

«Planeé estar más saludable a esta edad, pero, bueno, algo fue mal».

«Pensaba de verdad que estaría casado a estas alturas, pero estoy perdiendo la esperanza de que alguna vez me casaré».

«Creía que yo sería una buena persona, generosa y desinteresada con mi vida, pero la vida en estos tiempos es demasiado cara».

«Creía sinceramente que Dios tenía toda clase de grandes cosas preparadas para mí, pero algo fue mal durante el trayecto».

Cuando algo va mal, ¿cuál es el mejor plan de acción? *Cambiar tu dirección.* La palabra *arrepentimiento* significa dejar de ir en una dirección (la tuya) y girar hacia la dirección correcta (la de Dios). Tu pasado puede ser parte de quién eres, pero no tiene por qué definir tu futuro. O si te sientes atascado e incapaz de cambiar de dirección y dirigirte hacia Dios, piensa en su transformación de otro modo. La Biblia dice que Dios es el Alfarero y nosotros somos su barro (Jer 18.2–6). Y la mejor noticia para nosotros es que Dios, el Alfarero, no deshace el barro empezando a trabajar con uno nuevo. No, él usa el mismo barro, reformándolo hasta lo que él quiere que sea. Si las decisiones que has estado tomando te han dejado como una masa amorfa de barro seco, Dios quiere reconvertirte en su obra maestra, hecho de nuevo en Cristo Jesús, equipado para la buena obra que Dios preparó de antemano para ti.

Sin Cristo como el centro de tu vida, hay algo que está terriblemente mal en ti. Pero con Cristo, eres una obra maestra de Dios. Si quieres ir en serio con lo de querer saber quién eres realmente, entonces debes darte cuenta de tus limitaciones como una parte del proceso. Es vital que entiendas la importancia de tu necesidad.

IMAGEN PERFECTA

Incluso las mejores obras de arte en la historia de la humanidad contienen imperfecciones. Un artista se esfuerza en crear un trabajo que capture la esencia de su tema tan cerca de la perfección como le sea posible. Independientemente de la forma o la técnica, el intento del artista de reflejar ciertas facetas de su imagen o tema tan precisamente como sea posible nunca alcanzará la perfección.

Sin embargo, cuando consideramos que somos el trabajo artístico de Dios en formación, descubrimos que ya somos su factura perfecta en Cristo Jesús; no tenemos que intentar ganar perfección. En su carta a los Efesios, Pablo contrasta quiénes somos sin Dios y quiénes somos con él. Escribe: «Porque por gracia sois salvos por medio de la fe; y esto no de vosotros, pues es don de Dios; no por obras, para que nadie se gloríe» (Ef 2.8–9). No importa cuánto lo intentes, cómo de religioso te comportes. No puedes ganarte el camino a la salvación. No puedes salvarte a ti mismo. Pablo continúa dándole importancia al propósito de Dios de amarnos tanto como para enviar a su único Hijo para ser sacrificado por nosotros. «Porque somos *hechura* suya, creados en Cristo Jesús para buenas obras, las cuales Dios preparó de antemano para que anduviésemos en ellas» (Ef 2.10, el énfasis es mío). Hay una distinción crucial aquí acerca de quién somos y cómo hemos de vivir. No somos salvos *por* buenas obras. Somos salvos *para* buenas obras. Específicamente, no somos salvos *por* las buenas cosas que hemos hecho, sino que somos salvos *para hacer* cosas buenas en representación de aquel que nos ha salvado. Y el bien que hacemos no es para jactarnos. Él nos salva para que podamos marcar una diferencia en este mundo y traerle gloria a él.

Si estás en Cristo, no importa cómo te sientes contigo mismo. Incluso si piensas: «No soy tan bueno», o «No tengo tanto talento», necesitas entender esto: has sido hecho nuevo. Has sido renombrado. Eres una obra maestra de Dios. Pero no eres solo un cuadro que queda colgado en una pared junto a la gente que puede pasar y decir: «Oh, qué hermoso cuadro». No, tú eres una obra maestra de Dios creada para crecer, servir, y glorificar al Artista, a quien te da la vida.

Existe una pegatina trasera que he visto en muchos coches que me hace sonreír. Dice: «¡Dios no hace chapuzas!». (Irónicamente, parece ser que cada vez que veo esta pegatina, siempre es en un coche de veinte años y sin guardabarros.) Pero la verdad es que

cuando estás en Cristo, ¡Dios no hace chapuzas! Tú eres su obra
perfecta hecha para el propósito de reflejar su gloria.
La palabra griega traducida por «hechura» en Efesios 2.10
es *poiema*. Significa «una obra hecha por Dios». Debido a que
derivamos la palabra *poema* de esta palabra, me gusta pensar en
nosotros como sus hermosos poemas. En Cristo, tu vida debería
ser una declaración poética de la bondad de Dios. El Maestro
Artesano diseña nuestras vidas para entretejer un gran cuadro,
un gigantesco tapiz viviente, un enorme diseño entrelazado con
las vidas de las personas, un poema
épico. A veces, desde donde estamos,
podríamos ver dónde encajamos.
Pero si damos un paso atrás y miramos hacia allí desde su perspectiva, a
menudo podemos vislumbrar la obra
maestra completa, la factura perfecta
de Dios.

> El modo en que Dios te hizo
> no ocurrió por casualidad o
> accidente. Has sido
> divinamente inspirado.

El modo en que Dios te hizo no
ocurrió por casualidad o accidente. Has sido divinamente inspirado, con su intención divina de guiarte. Una vez comiences a
comprender quién eres —y de quién eres—, empezarás a entender por qué estás aquí y qué hacer.

MI GENEROSA COPA

De toda la historia, Dios decidió que en esta única y pequeña
porción —estos setenta, u ochenta y dos o noventa y un años,
la cantidad de tiempo que pases en este mundo— era el punto
más adecuado para que le sirvieras y le llevaras gloria. De
todas las casi infinitas posibilidades, no había mejor momento
para que nacieras con tus dones únicos, talentos, habilidades y

personalidad. Dios te conocía antes de que existieras, y te puso exactamente donde quería que estuvieses.

Por desgracia, muchos de nosotros no creemos que seamos obras maestras. Nos centramos mucho más en nuestras deficiencias percibidas que nos convencen de que Dios no nos usaría, o probablemente incluso que no *podría* usarnos. Ya que no nos hemos aferrado a quiénes somos, nos esforzamos duro en centrarnos en las cosas que no somos. En consecuencia, no vivimos según nuestro verdadero propósito; con razón nos frustramos. Si no conoces el propósito de algo, todo lo que haces es usarlo mal.

> Si no conoces el propósito de algo, todo lo que haces es usarlo mal.

Permíteme ilustrarlo con un recuerdo de mi infancia. Cuando estaba en cuarto curso, tenía una vecina justo al lado, Missy, que estaba en quinto. Aunque era una mujer mayor, Missy se volvió loca por mí. (Ella era toda una madurita antes de que las maduritas fueran de moda.) Un día vino a mi casa a pasar el rato. En aquel entonces, a mi padre y a mi nos encantaba jugar al béisbol. Acabábamos de volver de un partido, y aún no habíamos lavado la equipación, así que estaba en un montón en la esquina de la cocina.

Allí, entre la mezcla de varias prendas deportivas, mi padre había dejado olvidado un muy importante —incluso crítico— elemento de su vestuario. No hay modo de contar esto delicadamente, me temo. Este complemento particular está especialmente diseñado para un hombre, para cubrir y proteger su aparejo más personal. Se llama copa.

Ahora bien, si no estás familiarizado con la equipación de deportes masculinos (como Missy), puede perdonarse que preguntes: «¿Quieres decir como una copa de la que bebes?».

Pero eso sería equivocar su función por causa de su nombre. De hecho, se trata de una pieza cóncava de plástico duro, normalmente un poco acolchado en la zona que va contra tu cuerpo. Este objeto de protección cubre el área más vulnerable de un hombre durante los deportes, previniendo el daño y el intenso dolor.

Lo que ocurrió fue como en una de aquellas películas en las que un niño agarra un arma o un artefacto explosivo, y todos los adultos empiezan a correr hacia el niño a velocidad lenta, gritando sin sonido mientras la catástrofe sucede.

Missy agarró la copa de mi padre.

Todos fuimos raudos corriendo para alcanzarla, gritando: «¡No, no, no! ¡Tira eso! ¡No lo toques! ¡Eres una chica! ¡Eso... no está... bien! ¡Noooooo!».

Missy levantó los ojos, al parecer impasible a nuestras protestas, y preguntó inocentemente: «Oye, ¿qué es esto?».

«¡Oh! —exclamó ella con una gran sonrisa—. Es una máscara de oxígeno, ¿no?».

Se lo puso sobre la boca y empezó a respirar profundamente, aspirando y espirando.

En aquel entonces yo habría dicho que todos nos quedamos realmente asqueados. Pero ahora soy mayor, y conozco más términos, así que creo que palabras como *horrorizados*, o *consternados* son más precisas.

Lo diré de nuevo: si no conoces el propósito de algo, todo lo que harás será usarlo mal. Ya sea por hastío o por egoísmo, tu ignorancia hará que inutilices la obra maestra de Dios que eres. La vida sin propósito es un tiempo sin significado. Cuando no conoces el propósito de tu vida, lo que haces no es más que un experimento. Intentas una cosa tras otra, siempre esperando que la siguiente cosa brillante que atrape tu atención sea finalmente *la cosa* que marque una diferencia. Hay un problema con esta aproximación (muchos, en realidad). Si no conoces el propósito de una cosa, no puedes preguntar para qué sirve. No puedes tomar una copa para deportes y decirle: «¿Para qué sirves?». Lo siguiente que sabes es que la tienes oprimiéndote el rostro, intentando respirar a través de ella. Una estrategia mucho mejor sería preguntarle a quien la hizo. Eres una obra maestra de Dios. ¿No tiene sentido preguntarle a Dios qué deberías hacer con tu vida?

Si has vivido de acuerdo a un gran plan, sea acumular tantas cosas como puedas o tener tanta fama como sea posible o incluso dominar el mundo, déjame decírtelo: estás pensando muy a lo pequeño. Tu propósito va más allá de esta vida. De hecho, es eterno. Todo lo que Dios hizo, lo diseñó para ver reflejada su propia gloria. Y cada uno de nosotros —cada una de sus obras de arte» lo hace a su manera específica.

SUFICIENTE ES SUFICIENTE

Como obra maestra de Dios, llamado a hacer sus buenas obras de una manera propia, tienes todo lo que necesitas para completar tu propósito. El hecho de que Dios te hiciese de esa manera nos dice algo muy importante sobre tu vida. Tienes todo lo que necesitas para hacer cualquier cosa que Dios quiere que hagas.

No me tomes la palabra. Veamos lo que las Escrituras dicen: «Como todas las cosas que pertenecen a la vida y a la piedad nos han sido dadas por su divino poder, mediante el conocimiento de aquel que nos llamó por su gloria y excelencia» (2 P 1.3). En primer lugar, fíjate en que, de acuerdo a este versículo, una vida buena no se produce bajo nuestro propio poder; ocurre por el poder divino de Dios. Después, asegúrate de entender cuánto poder divino de Dios nos ha sido dado. Todo. *Todas* las cosas. *Todo.* En caso de duda, la palabra griega traducida por «todas» en este versículo, *pas*, significa «todo». También significa «cada, cualquier, la totalidad, todas las cosas». Ya sabes... «todo». Dios nunca deja la guardia baja. Él no pregunta a la gente si puede hacer algo, para darse cuenta después de que no estaban preparados para ello y decir: «Ups. ¡Me equivoqué! No sé en qué estaba pensando. ¡No tienes lo que te hacía falta para hacer eso!». Cuando Dios llamó a Moisés para sacar a los judíos de la esclavitud de los egipcios, Moisés no creía ser lo suficientemente bueno para ello (ver Éx 4). Él no creía ser una obra maestra. Discutió con Dios: «No soy un buen orador. ¡No puedo hacerlo!». Y recordarás esa parte de la historia en que Dios se golpeó en la frente y respondió: «¡Oh, vaya, Moisés! Tienes razón. Supongo que *pensaba* que podrías hacerlo, pero obviamente no eres lo suficientemente bueno».

Por supuesto, Dios nunca hizo esto. Cuando Dios te llama, te equipa con todo aquello que necesitas para hacer todo lo que él quiere que hagas. Creo que esta mentalidad pusilánime que tienen algunos se reduce a lo que yo llamo «envidia de obra maestra». Esto es cuando la gente se compara con los demás para ponerse excusas a sí mismos:

«Bueno, es que no soy tan buen orador como Steven».

«Dave es muy buen administrador, pero yo nunca lo he sido».

«Me encantaría tener la confianza en sí misma de Beth».

Las Escrituras nos dicen que cuando nos comparamos con otros, no somos sabios (2 Co 10.12). En lugar de eso, deberíamos centrarnos en la forma única en que Dios nos creó. Decimos: «¡*Desearía* poder hacer eso!». En cambio, deberíamos descubrir y estar agradecidos por aquellas cosas que sí *podemos* hacer. ¿Cuáles son aquellas cosas que tú puedes hacer y que otros no?

Dios te ha dado todo lo que necesitas para hacer cualquier cosa que él quiere que hagas.

Cuando hablo de la Palabra de Dios, puedo sentir el Espíritu de Dios dándome fuerzas. Dios me creó para compartir su verdad. Por supuesto, hay bastantes cosas que *no puedo* hacer:

No puedo cantar. Cuando trato de cantar, los perros aúllan y las aves emigran. Estoy bastante seguro de que lo que hago no puede siquiera calificarse de ruido feliz.

Soy daltónico. No es solo que no pueda dibujar o pintar; sinceramente, ni siquiera entiendo el arte. Mi mujer, Amy, mira un cuadro y detecta detalles mínimos, perdiéndose en trazos, sorprendiéndose y diciendo cosas del tipo: «¡Qué bonito! Dios ha bendecido a esta persona con un extraordinario talento». Yo miro lo mismo y digo: «¿Qué?... ¿te refieres a esas cosas torcidas?».

No puedo arreglar nada. Puede que sea la única persona que conozco que ha sido bendecida con el don de romper cosas que ya estaban rotas. Quizá conozcas el viejo dicho: «Si aún no se ha roto, ¡no dejes que Groeschel se acerque!». Soy tan malo arreglando cosas que ni siquiera puedo montar un sándwich.

Pero ninguna de esas cosas me importa. Porque no fui creado para cantar. No fui creado para pintar. No fui creado para arreglar electrodomésticos rotos. ¿Y en qué influye eso en el proyecto de Dios para mi vida? Otros fueron creados para hacer esas cosas, y me encanta dejarles que vivan con los talentos para los que fueron hechos.

Deja de centrarte en las cosas que *no puedes* hacer. Dirige tu atención hacia las cosas que *sí puedes*. Eres la obra maestra de Dios, creado para el propósito del Maestro. No te detengas en el catálogo de cosas que no eres, deseando pedir unas cuantas cosas bonitas para ti. En cambio, fíjate en el folleto informativo de ti. Empieza a pensar en la verdad acerca de ti: «Soy la obra maestra de Dios. Soy una nueva creación en Cristo Jesús. Tengo absolutamente todo lo que necesito para hacer todas las cosas que Dios quiere que haga».

BUENO PARA LA GRACIA

Incluso cuando lees estas palabras en esta misma página, Dios te está formando. Pablo nos dice: «Y sabemos que a los que aman a Dios, todas las cosas les ayudan a bien, esto es, a los que conforme a su propósito son llamados» (Ro 8.28). ¿Cuántas cosas? *Todas* las cosas. ¿Incluye todas las cosas las cosas buenas? ¡Sí! ¿Incluye todas las cosas las cosas malas? ¡Sí! ¿Incluye todas las cosas las cosas que te alegran que ocurran? Sí. ¿Incluye todas las cosas las cosas que nunca deseaste que pasaran? Sí. Dios hace que *todas las cosas* ayuden a bien.

Aquí va otra pregunta: ¿se aplica este versículo a todo el mundo? De hecho, no. Este versículo lo dice muy claro, Dios hace que todas las cosas ayuden a bien «a los que aman a Dios» y aquellos que «conforme a su propósito son llamados».

Si sigues a Cristo, eres una obra maestra, creado para el propósito del Maestro. Él es el Alfarero. Tú eres la vasija. Dios hace que todas las cosas ayuden a bien a los que le aman y a aquellos que conforme a su propósito son llamados. Una vez comiences a ver tu vida desde esta perspectiva, empezarás a encontrar una tremenda confianza. Puedes confiar en él. Puedes confiar en que él es el Dios bueno y soberano. A partir de ahí, es una prolongación natural dar pasos según su voluntad y descubrir su propósito para ti.

Las Escrituras nos ofrecen ejemplo tras ejemplo de personas que amaron a Dios y fueron llamadas de acuerdo a su propósito, aun luchando con serios desafíos (¡muchas veces durante años!) antes de que alcanzaran la visión completa para sus vidas. Uno de mis favoritos es un joven llamado José que se atrevió a creer que era una obra maestra de Dios cuando las circunstancias le decían constantemente lo contrario.

Todo empezó cuando Dios le dio sueños y visiones que compartió con su familia: «¡Algún día seré un gran líder!». Era el más joven, y todos sus hermanos estaban en contra de él. Así que hicieron lo que cualquier buen hermano haría para ayudar a su hermano menor: fingir su muerte y venderle como esclavo. (¡Chico, me alegro de tener solo una hermana pequeña!)

¿Piensas que José pensó: «¡Perfecto! ¡Esclavo! Este es el siguiente paso lógico para completar mi visión de liderazgo»? Por supuesto que no. Pero el Alfarero estaba modelando su barro hasta su obra maestra. Incluso en su aflicción, José empleó los dones que Dios le había dado. Fue tan talentoso y fiel con su propietario, Potifar, que fue ascendido (Gn 39). Entonces un día, la mujer de Potifar le vio y dijo: «¡Qué guapo eres! ¡Quiero un poco!». (Vale, estoy parafraseando.) Ella se le insinuó, pero él se resistió y huyó, así que fue acusado falsamente de atacarla, lo que le envió directamente a prisión.

He releído esta historia y no he podido encontrar a nadie que dijera: «Y José estuvo tan contento de que Dios le permitirá ir a la cárcel para continuar preparándole para su futuro». No, lo más cercano dice que «el Señor estuvo con él». El Alfarero estaba dando vueltas, ocupado dando forma a su barro.

A través de una inusual serie de acontecimientos, después de que José interpretara algunos sueños, fue liberado de prisión y ascendido nuevamente, esta vez para convertirse en gobernador de Egipto. En su nueva posición, Dios usó a José para ayudar a prepararse para una hambruna a gran escala. Años después, cuando sus hermanos fueron por grano, se encontraron frente a él, el mismo hermano a quien habían vendido como esclavo, y supusieron que había muerto. Cuando José les reveló quién era, ellos pensaron que estarían mejor muertos. En cambio, él les miró con compasión, y a través de sus lágrimas, les dijo: «No. ¡Soy su hermano! ¡Les perdono! ¡Lo que quisieron para mal, Dios lo usó para bien!». Todo lo que le había sucedido a José hasta ese momento le había formado, convirtiéndole en el hombre poderoso que ahora era. El camino a su grandeza y su mejor uso le guió por años de dificultad e injusticia. No podía haberlo visto hasta el mismo final, pero permaneció fiel y continuó usando sus dones. Y Dios usó toda aquella adversidad para bien.

Puede que te identifiques con José. Quizá estés atravesando malos tiempos, y pienses: «Amigo, ojalá esto no estuviera ocurriendo». Puede ser doloroso, lo sé. No entiendes por qué las cosas ocurren de ese modo. Deseas que fueran distintas. Incluso has orado para que Dios cambiara tus circunstancias. Pero la verdad es, de acuerdo a las Escrituras, que si estás en Cristo, si le amas, si vives para su propósito, él está haciendo que *todas las cosas* vayan a bien. Nuestro Dios es así de bueno.

¿Quién eres? Piensa en todo lo que caracteriza tu vida y te define. Piensa en todas las experiencias que has tenido, las decisiones que has tomado, toda la gente a la que has querido, los trofeos que has ganado, y todas esas veces que la has fastidiado. ¿Eres lo suficientemente bueno? Por tu cuenta, no.

> Cuando conozcas quién eres, sabrás qué hacer.

Pero él sí.

Él es más que suficiente. Su gracia es más que suficiente para ti. Tú eres quien eres —estás *donde* estás— porque él te puso en este camino, trazando este recorrido para ti. Y ahora mismo, en este momento, si lees las palabras de esta página, es porque Dios las puso enfrente para ti. (Sabes que es así, ¿verdad?) Sin Cristo, hay algo mal en ti. Pero con Cristo, eres una obra maestra. Fuiste creado para sus propósitos, y tienes todo lo que necesitas para hacer todo lo que Dios quiere que hagas. Y nada será en vano; Dios lo usará todo para completar su visión para ti. Cuando conozcas quién eres, sabrás qué hacer.

eres un vencedor

Cuando parezca que todo está en
tu contra, recuerda que el avión se
alza contra el viento, no con él.

—Henry Ford

¿Alguna vez has tenido «uno de esos días»? Ya sabes, no importa lo que hagas, nada va como se supone que debe. Hace muchos años tuve uno de aquellos días. Me desperté muy temprano en mi habitación de hotel en Chicago para prepararme para una de las reuniones más importantes de mi vida. En menos de dos horas se suponía que iría a buscar al anfitrión a su hotel y llevarle a «la gran reunión».

Normalmente no pediría servicio de habitaciones, pero pensé que ahorraría algo de tiempo comer antes de vestirme, de manera que no tendría que preocuparme de llevar manchas de huevo en mi corbata. Hice el pedido para que lo entregaran a las 7:00 de la mañana, y un cuarto de hora más tarde mi cuidadoso y bien pensado plan se hizo pedazos. Los minutos pasaban y no llegaban mis huevos.

Con mi mejor actitud de tranquilidad, llamé al restaurante. Una educada muchacha se disculpó y explicó que seguramente habrían traspapelado mi pedido. Las malas noticias: mis huevos llegarían tarde. Las buenas: me saldrían gratis. En condiciones normales hubiera dado saltos de alegría por ahorrarme 14.95 dólares (más impuestos, propinas y gastos de envío), pero no tenía tiempo. Tendría que vestirme primero y entonces comer antes de salir corriendo por la puerta, un movimiento arriesgado antes de mi gran reunión, pero necesario para continuar.

De frente al espejo del baño, practiqué un perfecto nudo Windsor para completar mi pulcramente planchada camisa blanca. Cuando todo estaba preparado, alguien llamó a la puerta. El desayuno había llegado.

Al darme cuenta de que había perdido el colchón de tiempo para el que me había esforzado tanto, devoré los huevos. Cuando tomé el vaso de jugo de naranja para un sorbo final, derramé accidentalmente un poco sobre mi regazo.

¡Arggghhh! No maldije, pero estuve realmente tentado de hacerlo mientras trataba de limpiar el jugo con un trapo húmedo. El estrés entró en escena. Gran reunión. Jugo derramado. Mal de tiempo. Esto no es bueno.

Agarré mi maletín y me lancé al parking. El gélido aire de Chicago me abofeteó en la cara. *Debí haber traído un abrigo.*

Escaso de gasolina tras dos días conduciendo mi asequible coche de alquiler, corría hacia la gasolinera más cercana para llenar el tanque y pasar por el lavado de coches. Como estaba poco familiarizado con el coche, conduje hacia el surtidor colocándome el lado equivocado. En lugar de perder más tiempo, salí al exterior bajo cero y tiré de la manguera hacia el otro lado del coche. Temblando de frío, intenté hacer salir la gasolina. Una y otra vez apreté la manilla. Como no salía nada, levanté la manguera para mirar y apreté de nuevo. Esta vez la gasolina salió disparada y me empapó todo el traje.

¡Tiene que ser una broma! Tranquilamente, sin maldecir todavía, pero más cerca que la primera vez.

Oliendo a dos partes de gasolina y una parte de jugo de naranja, puse cinco dólares en mi tanque y me dirigí al lavado de coches.

En el momento que vi que el agua pulverizada sobre mi coche instantáneamente se congelaba, supe que había cometido un enorme error. En segundos, mi Ford Escort se convirtió en un helado.

Incapaz de ver a través de la sólida capa de hielo sobre la luna, salí lentamente del lavado de coches. Cuando traté de abrir la puerta, descubrí que se había congelado. El pánico entró en escena. No podía ver para seguir conduciendo. Y no podía abrir la puerta para salir.

Luchando de repente por mi vida, me desplacé hasta el asiento del pasajero, eché mano del agarradero de la puerta en el lado del conductor, y lo golpeé tan fuerte como pude. Tras una docena de intentos, rompí el hielo y abrí la puerta.

Peligrosamente mal de tiempo, corrí al interior de la tienda de 24 horas y compré un rascador de hielo barato. Sin tiempo, rasqué un cuadrado de veinte centímetros que me daban una visibilidad parcial. Oré y conduje por Chicago para ir por mi anfitrión, dándome cuenta de que la puerta del lado del pasajero estaría igualmente congelada. Cuando llegué a su hotel, solo unos pocos minutos tarde, hice que le llamaran mientras rascaba el hielo de la puerta del coche.

Él bajo para reunirse conmigo, y le estreché la mano, temiendo parecer un perro abandonado que se había quedado congelado en algún callejón. Tratando de comportarme con normalidad, hablé un poco mientras él subía al asiento del pasajero. Con los dos dentro del coche, nuestro aliento empañó el cristal y mi poca visibilidad prácticamente desapareció. Ahí fue cuando me metí en la mediana y reventaron las ruedas delanteras.

Todos tenemos días desafiantes, y cuando se convierten en bolas de nieve (o de hielo, en este caso), puede parecer que no se ve el fin. Puede que hayas tenido uno de esos días hace poco. Por desgracia, muchas personas tienen más que días complicados; tienen semanas, meses, o años demoledores, con enemigos más grandes que jugo derramado y llantas reventadas, como divorcio, desempleo, cáncer, adicciones, y pérdida de seres queridos.

Si te sientes como David enfrente de Goliat, tengo grandes noticias para ti. No eres tan pequeño. No estás perdido. No has caído vencido.

Por el poder de Cristo, puedes vencer.

LUCHAR HASTA EL FINAL

La vida tiene un modo de golpearnos fuerte. Mi pastor solía decir que o bien estabas saliendo de una temporada difícil, o estabas en medio de una, o estabas entrando en una. Seguro que te sientes identificado. Quizá tienes muchas cosas que hacer y te sientes sobrepasado. O quizá sea algo peor. Quizá sea que todo es demasiado, como si todo te estuviera ocurriendo a ti. Quizá estés enfrentando algún tipo de obstáculo, un oponente, un desafío que no crees poder superar.

Tu Goliat personal podría ser cualquier cosa. Podría ser algo temporal, como mi plan. Podría ser una temporada, la búsqueda de un empleo o atravesar una enfermedad. O puede que sea permanente, como luchar contra tu peso, afrontar una depresión, o batallar con una adicción persistente. Quizá es algo emocional o espiritual, algo que te duele y que sabes que necesitas olvidar, pero aún no has sido capaz por ti mismo de hacerlo.

Sea lo que sea lo que estés enfrentando, incluso si es demasiado grande para ti, si has entregado tu vida a Cristo y tienes al Espíritu de Dios en ti, entonces tengo buenas noticias de verdad: por el poder de Dios, eres vencedor.

> **Por el poder de Dios, eres vencedor.**

Las Escrituras están llenas de numerosos ejemplos de personas como tú y como yo que superan desde estómagos de ballenas hasta fosos con leones, desde ejércitos egipcios a vientos tormentosos. El texto que más me gusta está en la carta de Pablo a la iglesia cristiana en Roma. Empieza haciendo preguntas retóricas —«Si Dios es con nosotros, ¿quién contra nosotros?»— que a continuación procede a responder.

Pablo continúa: «El que no escatimó ni a su propio Hijo, sino que lo entregó por todos nosotros, ¿cómo no nos dará también con él todas las cosas?». La cuestión es tan urgente y tan devastadora que regresa al principio al preguntar: «¿Quién nos separará del amor de Cristo? ¿Tribulación, o angustia, o persecución, o hambre, o desnudez, o peligro, o espada?» (Ro 8.32, 35).

Todavía hoy, unos dos mil años después, estos siete obstáculos siguen siendo tan relevantes para nosotros como lo fueron para los lectores de Pablo. Echémosle un breve vistazo, uno a uno, y fijémonos en cómo puedes encontrarte con ellos en tu vida actual.

Tribulación o angustia. Tribulación y angustia parecen trascender el tiempo. Puedes estar pasando por una tribulación o una angustia ahora mismo. Pueden ser migrañas permanentes. Puede ser un matrimonio deshaciéndose. Puede ser que a uno de tus hijos le acosen en el colegio. Eso son tribulaciones.

Son angustia. Así que te planteo la pregunta de Pablo: ¿Te separarán estas cosas del amor de Cristo? **Persecución.** Puede que estés en el colegio y los demás se rían de ti por llevar tu Biblia contigo. O puede que estés soltero y te hayas comprometido a guardar tu virginidad para el matrimonio, y piensas que todos se burlan de ti. Puedes ser un hombre de negocios y has perdido un negocio rentable porque tendrías que comprometer tu integridad para ello. Puede que los que están a tu alrededor —tus compañeros o incluso tu cónyuge— no lo entiendan y se enfaden contigo. ¿Te separará esa persecución del amor de Cristo?

Hambre o desnudez. Hay muchas probabilidades de que si tenías dinero para comprar este libro, no te estarás muriendo de hambre. Pero sí hay millones de personas en nuestro mundo al día de hoy para quienes el hambre es un problema acuciante. Aunque no estés desnudo ni hambriento, ¿cuáles son tus desafíos financieros? ¿No te sientes como que hay mucho más mes que dinero? ¿A veces te preocupa de dónde va a venir el dinero para comprar comida? ¿O la ropa del colegio para los niños? ¿O cómo vas a solventar los pagos del coche, los gastos del colegio, y las tarjetas de crédito?

Peligro o espada. Conozco a muchas personas que viven en países donde, si se hiciera pública su fe en Cristo, sus vidas estarían en peligro. En el país donde vivo, ese tipo de peligro no es muy común. Pero el peligro o la espada podría representar muy bien algún otro tipo de peligro físico para ti. Puede que hayas estado en una relación abusiva y la otra persona te ha amenazado con dañarte a ti o a alguien a quien quieres... o quizá ya han sido dañados. Puede que escucharas un mal informe de tu médico, y los próximos meses prometen ser dolorosos y delicados. Pablo pregunta: «¿Quién nos separará del amor de Cristo?

¿Tribulación, o angustia, o persecución, o hambre, o desnudez, o peligro, o espada?».

Bueno, eso depende. ¿Quién crees que eres? Porque cuando sepas quién eres, sabrás qué hay que hacer. ¿Quién eres en Cristo? Pablo responde con énfasis a su propia pregunta: «Antes, en todas estas cosas *somos más que vencedores* por medio de aquel que nos amó» (v. 37, el énfasis es mío).

Somos más que vencedores.

HÍPER PODERES

En todos estos obstáculos y desafíos varios, somos más que vencedores. Es importante que agradezcamos que esta promesa no se cumple a través de nuestro poder, sino a través del poder del Cristo resucitado, que nos ama. Si sigues a Cristo, eres más que vencedor, más que triunfador.

La pequeña palabra griega que aparece en varias traducciones como «vencedor», «ganador», «victorioso» o «superviviente» es la palabra *nikao*, que significa «ganar, ser victorioso, u obtener una victoria incomparable». Pero esta no es la palabra usada en este pasaje. La palabra que Pablo usa aquí es *hupernikao*, que significa «triunfar más allá del reconocimiento, lograr una victoria decisiva, una suma conquista». Con Cristo, ¡tú eres *hupernikao*! No vas a esforzarte por una pequeña e insignificante victoria. No, vas a demoler a la oposición.

Tu victoria es la típica victoria de Dios, donde Dios triunfa sobre la oposición más allá de lo reconocible. Imagina el ejército del Faraón persiguiendo a los israelitas hasta el final del desierto, y Dios abriendo el Mar Rojo delante de ellos. Los israelitas pasaron sobre tierra seca, y todo el ejército egipcio les siguió. Entonces

Dios retiró su mano, y *¡splash!*, se hundieron en el agua. ¡Victoria total!

Fíjate en Gedeón, el guerrero reacio de Dios, en mi destrozo de paráfrasis de Jueces 6—8. Dios dice a Gedeón:

—Quiero que venzas a los madianitas.

Pero Gedeón responde:

—¡No puedo hacerlo! ¡Tengo miedo!

—¡No! Eres un hombre de gran valor —le dice Dios—. Quizá no lo creas todavía, ¡pero lo eres!

—¡Pero si solo tengo treinta y dos mil hombres! —lloriquea Gedeón.

Dios vuelve a disparar.

—Tienes razón. No está bien. ¡Para mí son demasiados para alcanzar la gloria!

Así que Dios los reduce a solo trescientos y le dice a Gedeón:

—Ahora, tomen vuestras armas y vuestras lanzas. Enciendan algunas antorchas, cúbranlas, soplen sus trompetas y rompan las lanzas.

Gedeón dice:

—Eh... creo que no sabes lo que estás diciendo, pero lo haremos. Tú eres Dios y todo eso... supongo.

Entonces, cuando los hombres de Gedeón siguieron el plan de Dios, el ejército entero de los madianitas se dio la vuelta confundido y se aniquiló a sí mismo. Y esto es *hupernikao*. ¡Esto es lo que tú eres en Cristo! Eres más que victorioso. Eres *hupernikao*.

Ahora bien, no digo que nunca vayas a atravesar un tiempo difícil en tu vida. La Biblia no dice eso en absoluto. Jesús deja claro que «en este mundo tendréis aflicción». Pero piensa por un minuto en esto: para ser victorioso, tienes que tener algo que vencer. Y Jesús continúa diciendo: «pero confiad, yo he vencido al mundo» (Jn 16.33).

EXTRAORDINARIO

Si sigues a Cristo, tienes acceso a su poder. Puede que no pienses en ti como alguien extraordinario, pero el hecho es que no hay tal cosa como un cristiano ordinario. Tú eres un vencedor lleno del Espíritu. Pero no me escuches a mí. Volvamos a fijarnos en la Palabra de Dios.

Apocalipsis 12.11 dice: «Y ellos le han vencido por medio de la sangre del Cordero y de la palabra del testimonio de ellos, y menospreciaron sus vidas hasta la muerte». De acuerdo con este capítulo de la Biblia «ellos» son aquellos que siguen a Jesús (¡nosotros!). «Le» se refiere a nuestro enemigo, el diablo, Satanás. «El Cordero» es Jesús, el Rey de Reyes resucitado y Señor de Señores.

Aquí está lo que quiero que, como vencedor, veas. Dos cosas permitieron a esos creyentes triunfar sobre su enemigo: la sangre del Cordero y la palabra de su testimonio. Echemos un vistazo a cada una:

Eres un vencedor por la sangre del Cordero. Si nunca habías oído hablar de esto con anterioridad, puede que te suene de mal gusto. Pero de hecho, son buenas noticias para ti. En el Antiguo Testamento, para recibir perdón por los pecados, la gente ofrecía animales (a menudo un cordero) a Dios como sacrificio. La sangre preciosa y valiosa derramada —la fuente de la vida— es lo que purificaba sus pecados.

Entonces Jesús se presentó a sí mismo una vez —la sangre más preciosa de todas— como sacrificio final por el perdón de nuestros pecados. Jesús se convirtió en el definitivo Cordero de Dios. Su sola sangre tiene el poder de perdonarnos de una vez por todas. Porque él eligió derramar su sangre por nosotros, hemos vencido al pecado que nos tenía presos.

Eres un vencedor por la palabra de tu testimonio. Tu testimonio es sencillamente tu historia, pero también es algo más que eso. Si presenciaste algo que ocurrió, y has sido llamado al juzgado como «testigo» para «testificar» —en otras palabras, para dar tu testimonio acerca de lo que ocurrió— sabes exactamente lo que quiere decir. Significa que eres testigo visual de los acontecimientos y puedes ayudar a establecer la verdad para todos aquellos que no estuvieron allí. El juez tiene tu juramento de que contarás toda la verdad acerca de todo lo que viste. Y tu testimonio tampoco es sobre ti. Es sobre acontecimientos que sucedieron estando tú presente, viendo, experimentando, observando.

De modo que tu testimonio es tu historia con Dios. ¿Quién eras antes de dar tu vida a Cristo? ¿Quién eres ahora debido a Cristo? La transformación de tu vida por su poder es tu historia, la palabra de tu testimonio.

Si eres seguidor de Jesús, entonces ese mismo Espíritu de Dios que dio fuerzas a David para derrotar a un gigante llamado Goliat, ese mismo Espíritu que más tarde levantó a Cristo de entre los muertos, vive dentro de ti. Eso es lo que te hace ser quien eres. Como David, eres un vencedor. No por tus propias fuerzas, sino por la sangre del Cordero y por la palabra de tu testimonio.

Para ser todo lo que Dios pretende para ti, para rellenar todos los capítulos que Dios está escribiendo en tu historia, necesitas entender esto, interiorizarlo, sentirlo. No hablamos de algún día del futuro. Es ahora. No es aquello en lo que te convertirás. Esto no es: «Una vez que pueda tener mi vida...». No se trata de: «Una vez pueda vencer esta persistente adicción mía...». Esto va de lo que Dios dice que tú ya eres. Puede que haya un gigante que ha paralizado a todos los que te rodean. Quizá nadie piense que tú puedas vencerlo. (Incluso tú mismo lo piensas.) Pero te digo que, por el poder de Cristo resucitado, puedes. Eres *hupernikao*. Más que un conquistador. Eres... un... vencedor.

NO MÁS VÍCTIMA

Trágicamente, mucha gente tiene esta falta de fe, ese pensamiento flojo, que les provoca perder la batalla en sus mentes antes de luchar siquiera en el mundo exterior. Pero ese no eres tú. ¿Quién eres tú? Si sigues de verdad a Cristo, entonces ya eres más que un conquistador. Las actitudes llenas de fe guían a las acciones llenas de fe. Las creencias divinas guían a un comportamiento divino. La batalla comienza en tu mente. ¿Te has sorprendido alguna vez con ese tipo de pensamientos?

«Todos los demás consiguen éxitos. Nada me sale bien».

«Mi matrimonio es un asco. Nunca conseguirá mejorar, porque mi esposa siempre será una mema».

«¡Agh! Nunca me voy a casar. Todo el mundo lo llama día de San Valentín; lo deberían llamar día del Miedo a la Soltería. ¡Mesa para uno, por favor!».

«Siempre estaré obeso. Quizá deba rendirme y seguir comiendo».

«Nada de lo que he intentado funciona; nunca conseguiré superar esta adicción».

«Me da igual lo que digan todos, nunca seré capaz de perdonarles por lo que me han hecho».

¿Sabes qué tipo de pensamientos son esos? Discurso de víctima. ¿Y tú eres una víctima? ¿Lo eres? Si eres cristiano, no eres una víctima. A través del poder de Cristo resucitado, eres victorioso. Así que descálzate. Dibuja una línea sobre la arena. Termina con esos pensamientos contraproducentes desde las raíces, de una vez por todas. Ya sabes quién eres en Cristo. ¡Eres *hupernikao*! Derrotas al enemigo. No eres solo un vencedor; eres más que un vencedor.

Cuando los pensamientos negativos bombardean mi mente, cito 2 Corintios 10.3–5: «Pues aunque andamos en la carne, no militamos según la carne; porque las armas de nuestra milicia no son carnales, sino poderosas en Dios para la destrucción de fortalezas, derribando argumentos y toda altivez que se levanta contra el conocimiento de Dios, y llevando cautivo todo pensamiento a la obediencia a Cristo».

Derribar. Es una gran palabra, ¿verdad? No son solo chirridos. No es solo derrotar esos pensamientos a duras penas. Significa una total, absoluta y completa destrucción. Significa que tú tomas esa negatividad, la levantas sobre tu cabeza, la estrellas contra el suelo, y la rompes en pedazos. ¡Derribado!

FUERA DE SERIE

Si sueno apasionado, es porque lo soy. Casi todo lo que vale la pena de lo que hago hoy es el resultado de que Dios me haya ayudado a superar un desafío, un problema, una oposición, o mis propias dudas.

Cuando comencé a servir en el ministerio (hace muchos años), trabajé durante cinco años en una iglesia genial. Durante mi primer año el consejo decidió que debía ser despedido. ¡Mi primer año! ¡Ni siquiera había cumplido mi primer aniversario!

Y es solo porque mi pastor principal, Nick, que se alzó en mi defensa y les convenció para darme una oportunidad que aún hoy estoy en el ministerio.

No solo el consejo de iglesia tenía sus reservas sobre mí, también mis líderes denominacionales. Después de su proceso de prueba de un año para la ordenación, un grupo de hombres me llamó para darme sus conclusiones: «Craig, no estamos seguros de que hayas sido llamado al ministerio. Tus ideas son demasiado... bueno, digamos solo que no estamos seguros de que fueras un buen pastor».

Antes de ordenarme, se pusieron de acuerdo en observarme. Continué haciendo todo lo que me pedían, incluso completar mi master en teología. Pasé por cada aro que quisieron que pasara.

Durante ese tiempo, serví en un ministerio a tiempo completo, fui un estudiante a tiempo completo y un padre a tiempo completo. Y entonces, por último, después de todo eso, acordaron licenciarme para el ministerio.

Tras graduarme en el seminario, pregunté humildemente: «¿Podría plantar una iglesia ya?».

Su respuesta: «Bueno, eh... no».

No.

Me quedé hecho polvo.

«¿Qué puedo hacer? Haré cualquier cosa que me digan. ¿Puedo plantar *alguna vez* una iglesia?».

Su repuesta: «Nada. Y lo sentimos, chico. Aún no».

No.

Me fui chocando con muros uno tras otro. Si no supiese quién era yo, podría haber dicho: «Bien, supongo que Dios no quiere que haga nada. Vale, ya lo sé: ¡quizá podría dedicarme a vender!».

Pero hasta donde puedo recordar, siempre he creído que incluso si me topo con un muro en mi camino, con mi Dios, podremos saltarlo, podremos pasar por debajo, o tomar carrerilla y atravesarlo. ¿Por qué? Porque el Salmo 18.29 dice: «Contigo [Dios] desbarataré ejércitos, y con mi Dios asaltaré muros». Aquí está otra vez: *hupernikao*. Desbaratar a tu enemigo. Derrotarlo. ¿Escalar un muro? ¡Ese es el Hombre Araña! Ningún muro va a apartarnos de hacer lo que Dios quiere que hagamos. ¿Eres una víctima? ¡No! En Cristo, eres un vencedor. Tienes el poder de superar todas las tentaciones y trabas que este mundo te arroja. Luchar... con una actitud de conquistador.

MENOS QUE UN MILAGRO

El segundo modo en que luchamos como vencedores es con armas sobrenaturales. Recordarás de 2 Corintios 10.3–5 que estamos bien equipados para la batalla espiritual. Nuestras armas no son del mismo tipo que usa la gente en este mundo; nuestras armas tienen poder divino. La palabra *poder* es aquí una traducción de la palabra griega *dynatos*. Si te resulta familiar, puede ser porque es de donde procede nuestra palabra *dinamita*. Nuestras armas tienen el poder explosivo de Dios. Tienen el poder divino para demoler fortalezas.

Si eres cristiano, necesitas saber quién eres y qué tienes. Comprueba en Efesios 6.10–20 lo que hay en el inventario de tu arsenal sobrenatural. Abróchate el cinturón de la verdad alrededor de la cintura, y ajústate la coraza de la rectitud en su sitio. Abróchate las botas con la buena disposición del evangelio de paz. Toma tu escudo de la fe para desviar y apartar los fieros dardos de tu enemigo. Por último, colócate el casco de la salvación y agarra tu espada del Espíritu, que es la Palabra viviente de Dios. Entonces lánzate de cabeza a la lucha. Vence al enemigo. Lucha con las armas espirituales con que Dios nos ha equipado.

Pensar de este modo puede parecerte ridículo, pero una vez lo experimentes nunca volverás a descartarlo.

Hace poco recordé que es verdad que nada es imposible con Dios, sin que importe cómo de desalentadora pueda aparecer la situación. Erica, un miembro del equipo de nuestra iglesia, vio a su marido de treinta y ocho años, Jeff, sufriendo un fulminante ataque al corazón. Cuando llegó la ambulancia a su casa (solo unos pocos minutos después), él estaba inconsciente y no respondía. Sin saber cuánto podría estar sin que el corazón bombeara, los paramédicos hicieron bien su trabajo, sacudiéndole repetidamente y continuando con la reanimación cardíaca. Le subieron en una ambulancia y le llevaron corriendo a un hospital local, donde profesionales altamente preparados determinaron que estaba clínicamente muerto.

Aun así, ya que habían sido capaces de hacer que su corazón se moviera más de una vez —solo para verle entonces detenerse de nuevo unos pocos minutos más tarde—, se negaron a rendirse con él, sacudiéndole una y otra y otra vez hasta que pudieron conectarle a los sistemas apropiados de apoyo vital. De acuerdo con sus registros oficiales, llegados a este punto él no había respirado por su cuenta o tenido un bombeo sin asistencia desde hacía más de hora y media.

Tan pronto como supimos lo que había pasado, Amy y yo corrimos al hospital para ver a Erica. Yo estaba devastado por toda aquella situación. Jeff no tenía sobrepeso, no fumaba y no hacía nada que pusiera su corazón en riesgo. No parecía justo.

Antes de dirigirnos a la habitación de Jeff en la UCI, hablamos con algunos paramédicos para obtener la historia completa, y especialmente escuchar sus probabilidades. Era desalentador. Una enfermera me dijo: «Bueno, no volverá a casa. No a la casa terrenal, al menos».

Yo fruncí el ceño:

—¿Y qué tal un milagro?

Ella suspiró.

—Bueno, digamos que milagrosamente recobra conciencia. Eso no nos hace ganar nada. Porque no muestra actividad cerebral. Podemos mantener su cuerpo «vivo» con las máquinas, pero su cerebro ha estado sin oxígeno durante *muuuuucho* tiempo. Tu cerebro no puede sobrellevar eso.

Amy y yo respiramos profundamente, nos pusimos de acuerdo en una estrategia, nos serenamos, y entramos. Nuestro plan era tan solo asegurarnos de que Erica supiera cuánto la amábamos, lo que su familia significaba para nosotros, y que estaríamos allí para ella, que la ayudaríamos a pasar por ello, sin que importara lo que pasara.

Primero, oramos por Erica, principalmente con la forma pastoral estándar: «consuelo», «paz», «presencia de Dios»... ese tipo de cosas. Y ahí estaba Jeff, a un par de metros de donde nos encontrábamos sentados, rodeado de tubos, cables y goteros, todos clavados en él, con esparadrapos colocados alrededor de su cuerpo. Su respiración era audible y regular, y una máquina forzaba rítmicamente su pecho a expandirse y contraerse. Otra máquina pitaba con cada pulsación que se le daba. Me di cuenta de hasta qué punto es una máquina el cuerpo humano, sofisticada, intricada, magnífica en su complejidad. Y se me ocurrió: ¿Quién lo hizo? ¿Y a quién pertenece este hombre?

Mi frustración se transformó en inspiración, de inspiración a anticipación, de anticipación a esperanza. Amaneció poco a poco en mi mente iluminada: «Nuestro Dios puede hacerlo. Él puede curar a Jeff. ¡Él puede!». Pero aquello no era por lo que habíamos estado pidiendo. Así que decidí hacer algo completamente radical. Decidí que pediría a Dios que curara a Jeff. Puse mi mano en el cuerpo de Jeff —más tarde me enteré de que no se podía hacer— y dije en voz alta, con fe: «Dios, ¡yo creo que tú puedes hacerlo!».

Más tarde me enteré de que había llegado tarde a la fiesta. Cientos de personas ya estaban orando por la recuperación total y milagrosa de Jeff. Durante los siguientes días Erica empezó a escuchar de todas partes del mundo que cristianos poderosos estaban orando por ellos. Menos de un mes después Erica dejó el hospital con Jeff caminando junto a ella, por su propio pie.

No podía vivir. Lo hizo. Si vivía, tendría muerte cerebral. No lo hizo. Si tenía alguna capacidad cerebral, estaría gravemente disminuida. No fue así. Él recuerda todo desde antes del ataque. Puede caminar y hablar y pensar exactamente como podía antes. No puede bailar, pero antes tampoco podía.

Soy testigo de lo que Dios hizo en las vidas de Jeff y Erica. Jeff es un vencedor. Por la sangre del Cordero y por la palabra de su propio testimonio.

Jeff es un vencedor. Y si sigues a Cristo, tú también. Si alguien te dice:

«Lo siento de verdad. Tu situación es desesperada».
«No hay ninguna oportunidad».
«Nadie ha...».

Entonces aquí está lo que deberías estar escuchando en sus palabras:

«¡Ponte tu armadura!».
«¡Nuestro Dios puede!».
«¡Mayor es el que está en ti que el que está en el mundo!».
«¡Lucha!».

Es el momento de luchar. Con armas sobrenaturales. Es como la pelea del siglo, una batalla campal. Lucha. Lucha. Lucha. Lucha. Lucha. Entérate: no te rindas. No eres una víctima. Eres un vencedor. ¡Lucha!

No luches como un hombre; lucha como un hombre de Dios. Lucha como la princesa guerrera que eres. Entra con confianza en la sala del trono de tu Padre, el Rey de Reyes, y pídele con respeto que intervenga en tu favor. Dile con valentía: «¡Creo que tú puedes, Señor! Este mundo no ve la esperanza, pero tú eres mi esperanza».

Cuando aceptes el hecho de que tu verdadera identidad incluye ser un vencedor, no te contentarás con menos que un milagro.

eres embajador de Dios

Así que, somos embajadores en nombre de Cristo,
como si Dios rogase por medio de nosotros; os
rogamos en nombre de Cristo: Reconciliaos con Dios.
—2 Corintios 5.20

Hace varios años, teníamos las oficinas centrales de nuestra iglesia en un pequeño y deteriorado parque industrial, y mi oficina daba a un aparcamiento. Una tarde, mientras contemplaba mi hermosa vista de asfalto, vi por lo menos cincuenta coches entrando en el aparcamiento y frenando en seco. En un momento, docenas y docenas de estudiantes de secundaria se apilaron fuera de los coches, reuniéndose en un gran círculo, y luego dos chicos, ambos deportistas musculosos, entraron en él y se quitaron las camisas. No perdieron tiempo y comenzaron a intercambiar golpes. Los demás sacaron sus teléfonos y cámaras y comenzaron a grabarlo, mientras uno de estos dos chicos arremetía contra el otro. Instintivamente, me emocioné y empecé a gritar desde la oficina: «¡Lucha! ¡Lucha! ¡Lucha!».

Un amigo y compañero pastor, Robert Wall, estaba tan emocionado como yo. Salimos disparados, sin poder esperar para salir a la calle y unirnos a los demás espectadores que observaban como estos dos chicos se sacudían. Impulsados por la adrenalina y la testosterona que dos pastores de mediana edad hacía mucho tiempo que no sentían, gritábamos: «¡Pégale! ¡Venga! ¡Pégale!».

Tras unos sesenta segundos de pelea, Robert y yo nos miramos y al final caímos en la cuenta. Éramos adultos, cristianos, y pastores. Se suponía que nosotros no animábamos a dos chavales de diecisiete años que se enfrentaban como concursantes en el combate por el título mundial de artes marciales mixtas. Se suponía que teníamos que detener la pelea y restaurar el orden. Así que, por fin, los dos nos acercarnos y, sin dejar de admirar un golpe certero o un buen movimiento, gritamos: «¡Se acabó! ¡Vale, chicos, se acabó!».

Alguien de la multitud nos vio y gritó: «¡Es el Pastor Craig! ¡Corran!». Y todo el mundo se apresuró a sus coches y salió del estacionamiento lo más rápido posible. De repente sentí todo el peso de mi autoridad; ¡hablando de ser un pacificador!

Ahora bien, antes de juzgarme por ver demasiada lucha libre en la tele por cable, creo que este pequeño incidente ilustra claramente un problema que muchos de nosotros parecemos confrontar: la amnesia espiritual. Por un breve instante se me olvidó quién era y me remonté a mis propias peleas de patio de colegio. Perdí de vista que era un ministro del evangelio, y además un adulto responsable. Por un par de minutos se me olvidó quién era y lo que debía hacer. Luego volví en mí: soy un adulto. Soy cristiano. Soy un pastor. Yo no animo a los niños a que se hagan daño unos a otros; trato de detener las peleas.

CEGADO POR LA LUZ

Como ya he compartido contigo, el problema que muchos de nosotros tenemos como cristianos es que no entendemos nuestra nueva identidad en Cristo. Y como no sabemos quiénes somos, muchas veces no sabemos qué hacer. Hasta ahora hemos hablado de la superación de las viejas etiquetas: las percepciones erróneas, juicios y definiciones que nos imponen los demás y nuestro propio ego crítico. Hemos visto lo que significa ser una obra maestra de Dios, una obra de arte en proceso con Dios transformándonos en la imagen de su Hijo. En el último capítulo nos centramos en todo el poder que tenemos como vencedores en la plenitud de nuestra identidad en Cristo. Las cosas que parecen imposibles desde nuestro punto de vista se cumplen sin esfuerzo en la perspectiva eterna de Dios.

Es el momento de pensar en lo que significa representar, reflejar, y reverberar con el carácter de Dios mientras vivimos como embajadores de Cristo. Este puede ser el aspecto más crucial de nuestra nueva identidad, ya que se traduce directamente en cómo actuamos. Al interiorizar nuestra fe, y eso incluye desde el conocimiento intelectual a las verdaderas creencias de corazón, todo cambia.

Quizás no hay ejemplo más drástico de esta transformación que el que vemos en el apóstol Pablo. Como ya sabes, Pablo escribió cerca de dos terceras partes del Nuevo Testamento. Pero si conoces su pasado, sabrás que él era la persona menos probable de ser llamada hombre de Dios. Comenzó su carrera como el primer perseguidor de la iglesia cristiana. Mató a los seguidores de Jesús y parecía disfrutar su persecución.

Pero Saulo, como se le conocía entonces, se encontró con Jesús, el Cristo resucitado, mientras viajaba en el camino hacia

Damasco, y el resplandor de su gloria le cegó. Dios le dijo que fuera a una ciudad cercana, donde otro cristiano llamado Ananías le ayudaría. Pero cuando Saulo apareció en su puerta, Ananías pensó: «¡De ninguna manera! ¡Este tipo me va a matar! Conozco su historia». Sin embargo, Dios intervino y le dijo a Ananías: «Este hombre es diferente. Es mi instrumento elegido para llevar mi nombre ante los gentiles. Es mi embajador ante el resto del mundo. Le he elegido y lo designé para representar el cielo en la tierra para los que no son judíos» (mira Hch 9.15).

Para seguir con su nueva identidad, Dios cambia el nombre de Saulo a Pablo y lo envía a compartir la increíble noticia de Cristo por todo el mundo conocido. Así que cuando Pablo escribe: «De modo que si alguno está en Cristo, nueva criatura es; las cosas viejas pasaron; he aquí todas son hechas nuevas» (2 Co 5.17), sabe de lo que está hablando. Pasó de ser un cazador de recompensas y despiadado asesino a ser un hombre enamorado de Dios dispuesto a soportar una persecución ilimitada. Tuvo que entregar su vieja identidad, su papel de perseguidor conducido por su ego, para abrazar su nueva identidad como un hombre conducido por Dios con su ego en un altar.

Lo mismo es verdad para ti y para mí. Si estás en Cristo, si eres un cristiano, si te has arrepentido de tus pecados y te has encontrado con el Cristo resucitado, entonces eres una nueva creación. La edad, la suciedad, la basura, el pecado, la culpa, la vergüenza... todo ha desaparecido. Todos tus pecados han sido perdonados, eres una nueva criatura. El problema, sin embargo, es que algunos cristianos no entienden lo que significa ser una nueva creación. Es como una oruga convirtiéndose en una nueva creación, la mariposa. Pero imagina que la mariposa saliera de su capullo y gateara como una oruga. Algunos de nosotros hemos sido transformados para volar y aún seguimos arrastrándonos por el suelo, perdiendo nuestra verdadera vocación y nuestro potencial divino.

DOBLE RASERO

Así que ahora mismo, espiritualmente, ¿estás volando o arrastrándote? Si te sientes como si estuvieras todavía en el suelo, entonces es hora de darte cuenta de que Dios quiere que vueles. No eres otro típico cristiano del montón. No, si eres cristiano, entonces no hay nada del montón en ti. Debes entender que estás lleno del mismo Espíritu que resucitó a Cristo de entre los muertos, ¡y no hay nada de ordinario en eso!

¡Tienes acceso al trono de Dios, y eso no es normal! Tienes la autoridad para usar el nombre que está sobre todo nombre, el nombre de Jesucristo. No hay nada ordinario en ti. Y —lo sabes— cuando sabes quién eres, sabes qué hacer. Si sabes quién eres en Cristo, entonces sabrás cómo representarle dondequiera que vayas.

> **Si sabes quién eres en Cristo, entonces sabrás cómo representarle dondequiera que vayas.**

Esto es cierto para todos los cristianos, no solo para unos elegidos que son llamados a un ministerio profesional a tiempo completo. Déjame contarte algo que me saca de mis casillas. Me vuelve loco cuando la gente me pone el listón más alto simplemente porque soy pastor. Se examinan todas las áreas de mi vida y están puestas en ese nivel más alto de rendición de cuentas: la manera en que gasto mi dinero, la forma en que paso tiempo, mi forma de hablar con la gente, las películas que veo, el modo de criar a mis hijos, o las palabras que digo.

Hace poco lo experimenté, por algo que publiqué en mi página de Facebook. Cuando Amy cumplió cuarenta años, escribí: «¡Feliz cuadragésimo cumpleaños, Amy! Te amo con todo mi corazón. ¡Estás mucho mejor que dos con veinte años!». Un montón de gente se escandalizó, se quejó y me regañó: «Oh, un hombre de Dios no debería decir cosas así».

En mi defensa, ten en cuenta un par de puntos importantes. Número uno, es verdad: mi esposa es mejor que dos de veinte años. Número dos: es divertido. (Por lo menos si tienes buen sentido del humor.) Vale, quizá me esté pasando; es verdad. Pero, por favor, no me digas que me estoy pasando solo porque soy pastor. Evidentemente, voy a ser juzgado con más severidad por lo que enseño (ver Stg 3.1). Pero cuando se trata de la forma en que vivimos, todos los cristianos deberían ajustarse al mismo estándar. No estoy diciendo que debamos bajar el listón. No, estoy diciendo que si eres cristiano, *eres* embajador de Cristo y también debes tener el listón más alto en todo lo que haces.

Es gracioso, en grandes banquetes o cenas, o en vacaciones, cuando es la hora de comer, alguien dirá: «Pastor Craig, ¿bendice la comida?». Por supuesto, estaré encantado de orar y de hacerlo con otros creyentes. Sin embargo, en estas situaciones, me encanta dar la vuelta la situación y decir: «Me encantaría hacerlo, pero ¿por qué no lo haces tú?». Casi siempre que digo esto la otra persona contesta: «¡Oh, no, no, no! Usted es el pastor y yo solo soy un cristiano normal». Me encanta ver a la gente avergonzarse. Y por eso les digo que quizá yo tenga más práctica al orar en voz alta, pero que yo no soy mejor orando que ellos. Todos los cristianos están llamados a ser representantes de Cristo en la tierra.

Pablo describe nuestra misión de esta manera: «[Dios] nos encargó a nosotros la palabra de la reconciliación» (2 Co 5.19). Nótese que no dice que haya encargado a los ancianos, diáconos, pastores o misioneros. No, Dios nos ha encomendado a nosotros —a todos nosotros— su mensaje de reconciliación a través de Cristo.

Si tenemos en cuenta el significado de la reconciliación en el contexto de la lengua griega original, significa «restaurar con lo divino». Básicamente, esto quiere decir ayudar a la gente a poner paz con Dios. Es tomar lo que está roto, ya que estamos separados de Dios por nuestro pecado, y ayudar a los demás a que sepan quién es Cristo, para que puedan ser íntegros y justos delante de Dios. Él ha encargado a aquellos que son cristianos el mensaje de la reconciliación. Pablo concluye: «Así que, somos embajadores de Cristo» (v. 20).

Tú eres un embajador. Dios te ha encargado el mensaje de la reconciliación como si estuviese haciendo su solicitud mediante ti.

Esto tiene sentido cuando reflexionamos en la descripción del trabajo de un embajador. Tradicionalmente, un embajador actúa como el diplomático de más alto rango enviado como representante de un país a otro. Por ejemplo, si me convirtiera en el embajador de Estados Unidos en Egipto, entonces yo sería el diplomático de más alto rango enviado a representar el gobierno de Estados Unidos en Egipto. Lo mismo es verdad para ti. Tú eres el diplomático de mayor rango enviado por Dios del cielo a la tierra, para compartir con los que te rodean la verdad de tu patria. La tierra no es tu casa. La Biblia dice que eres extranjero aquí. Este no es tu destino final. Eres un enviado para representar al Rey del reino que te envió. Representas al Rey de Reyes y Señor de Señores.

ACCESO LIBRE

Como embajador de Cristo, no fuiste elegido por la gente, sino que fuiste escogido y designado por Dios. No importa lo que piensen los demás. Jesús dijo: «No me elegisteis a mí, sino que yo os elegí a vosotros». Él dijo: «Yo os designé para que vayáis y deis fruto... fruto que perdure. No perteneces a este mundo; esta no es tu casa. Vienes del cielo; eres un embajador». (Ver Jn 15.16–19.) Él nos ha elegido.

Puedes decir: «Pero yo no me siento lo suficientemente bueno, no soy suficientemente (lo que sea)». Pero nuestras excusas no tienen nada que ver con lo que nos distingue: Dios nos ha escogido y nos ha equipado, sin importar cómo nos sintamos acerca de ello. Es un poco como estar en la escuela y que la maestra decida que lleves un mensaje al despacho del director. No necesariamente escoge al estudiante que saca sobresalientes en todo o que es el mejor atleta o el más popular. Seleccionará a alguien en quien confía, alguien fiable, alguien en quien cree.

Tal vez encuentres a tus amigos en la entrada y te pregunten qué estás haciendo. Y dices: «He sido elegido y nombrado por la maestra para ir y hacer algo especial. No soy el mejor, pero eh, ¡tengo acceso libre!». No importa lo que otros digan, la buena noticia es que Dios te ha elegido y nombrado para su misión especial.

> Tú no solo eres lo suficientemente bueno; Dios dice que eres el mejor representante donde te ha colocado.

Él nos ha dado la autoridad para servirle de una manera que nunca podríamos lograr por derecho propio desde donde estamos.

Tu misión podría ser la de representar a Dios entre las personas con las que trabajas. Eres su instrumento elegido para ilustrar quién es y cómo es a tus compañeros de trabajo u otras personas en tu oficina. Podría ser a las personas de tu familia. Eres un instrumento escogido por Dios para representarlo, como embajador, a tu familia. Podría ser a las personas de tu equipo de baloncesto de la noche del jueves. O a las mujeres de tu club de lectura. O a los chicos de tu universidad. Tú no solo eres lo suficientemente bueno; Dios dice que eres el mejor representante donde te ha colocado.

Tengo que recordar esta verdad cada vez que hablo ante una multitud. La mayoría de fines de semana predico un mensaje a decenas de miles de personas en nuestra red de iglesias, campus, y vía Internet. Pero nunca he visto a más de varios cientos en un solo lugar. Si viera a todos a la vez, ¡me asustaría! La primera vez que hablé ante decenas de miles de personas en un estadio enorme, miré a mi alrededor, ¡y casi perdí algo más que mi voz! Era muy intimidante. Así que cerré los ojos y me dije: «Soy un instrumento escogido por Dios para llevar su mensaje de hoy». Y pude continuar con esa autoridad. No soy el mejor, no soy un estudioso de la Biblia, pero Dios me ha elegido y nombrado a mí, y tengo confianza en esta verdad.

Tú puedes hacer lo mismo. Puede que digas: «Pero yo no sé hablar en público». No importa, porque no se trata de tu capacidad para hablar o del tamaño de la multitud. A veces tengo más nervios al ir de uno a uno que al dirigirme a cientos de personas. Recuerdo una conversación reciente con un buen amigo mío. Habíamos sido amigos íntimos desde la universidad y este chico había tomado algunas decisiones muy malas, decisiones pecaminosas que podían haber afectado negativamente su vida y la de los demás. Y yo era el único que lo sabía, lo que significaba que tenía que ir y enfrentarme a él.

No se trataba del pastor Craig, líder de la iglesia, o de un miembro de la iglesia cristiana a otro miembro. Esto era de colega a colega, de amigo a amigo, de hombre a hombre. No me entusiasmaba la inminente conversación, pero de alguna manera sabía que estaba allí para representar a la presencia de Dios en medio del lío que estaba montando mi amigo. Así que antes de la reunión, simplemente dije: «Muy bien, Dios, obviamente yo soy tu instrumento elegido para esta situación», y esto me permitió tener confianza a pesar de las cosas tan duras que necesitaba decir.

Tal vez Dios te está llamando para que lo representes entre los adolescentes, los jóvenes, o la próxima generación. Puede que pienses que eres demasiado viejo para estar de moda, o demasiado joven para ser un mentor, pero si Dios te pone en una situación así, entonces sabes que él te dará el poder. Tal vez él quiere que dirijas un grupo pequeño a pesar de que nunca has llevado nada así antes. O tal vez te ha dado un jefe muy difícil para el que trabajar, y está claro que puedes ser el único atisbo de Cristo que esta persona vaya a ver.

Podría ser simplemente que eres bueno reparando automóviles y vas conduciendo por la carretera y hay una mujer joven y su coche se ha roto. Te conviertes en un instrumento escogido por Dios para ayudarla a arreglar su coche. Piensas: «Está bien, puedo hacerlo. Puedo servir en el nombre de Jesucristo y representarle al servirla a ella de este modo».

Como embajador de Cristo nunca te representas a ti mismo, siempre representas a Dios. Si yo soy el embajador en Egipto de Estados Unidos, no estoy aquí para promocionar mis intereses, mis valores, ni mis ideas propias; represento al gobierno que me ha enviado. Tú representas al gobierno del reino de Dios. Representas al Rey de Reyes y Señor de Señores. No se trata de ti. Jesús fue el último embajador, y dijo lo que también nosotros deberíamos decir: «Porque he bajado del cielo no para hacer mi voluntad, sino la voluntad del que me envió» (Jn 6.38).

HACERTE SUDAR

Cuando servimos como embajadores de Dios, estamos siempre a su servicio, tal vez cuando menos lo esperamos. Durante casi veinte años he estado yendo regularmente a un gimnasio con el mismo compañero de entrenamiento. Un día, tuvimos un fallo de comunicación y mi compañero no se presentó. Así que fue un día raro porque yo estaba allí solo. Al final de mis entrenamientos, por lo general acudo a una sauna. (De este modo no importa cuánto haya trabajado, siempre me ven muy sudoroso y dicen: «Vaya, has estado trabajando duro». Un pequeño truco del oficio.) Así que fui allí como de costumbre, solo que era probablemente la primera vez en años que iba solo.

Después de unos momentos, otro tipo entró y allí estábamos los dos. Por su expresión facial me di cuenta de que estaba dolorido, más que por un entrenamiento duro. A pesar de que tenía unos veinte o treinta años, parecía más cargado de lo que correspondía a su edad. Su lenguaje corporal transmitía resignación y derrota. Así que traté de iniciar una conversación con él, agradecido de que él no supiera quién era yo ni qué hacía, así como yo no sabía quién era él. Le dije: «Vaya, hombre, parece que tienes un mal día, y yo no quiero entrometerme, pero si quieres hablar, te escucho».

Minutos después, él se abrió. No entró en detalles, pero era evidente que había hecho algo que lamentaba. De alguna manera había traicionado a su mujer, y se había metido en un gran conflicto. Así que decidió que su matrimonio había terminado y se había mudado el día anterior. Rompió a llorar y dijo: «Nunca olvidaré a mi hija de tres años, mientras recorría el camino de entrada, gritando: "¡Papá, no nos dejes, no nos dejes!"». Se había ido y ahora sentía como si su mundo se hubiera hecho añicos irremediablemente.

En ese momento me di cuenta de que mi compañero de entrenamiento no debía estar allí para que yo pudiera estar a solas con este tipo. Tratando de no sonar como un predicador, dije todo lo directo que fui capaz: «No quiero sonar demasiado religioso ni nada de eso, y no sé dónde estás con Dios, pero quiero decir que creo que Dios me envió aquí hoy para decirte que tienes que ir a casa, pedir perdón y empezar de nuevo». Me miró con seriedad mientras yo continuaba: «Creo que Dios quiere que seas el padre de esa niña y el esposo de tu esposa. Y solo digo esto porque creo que Dios quiere que te diga este mensaje».

Al tipo se le hizo un nudo en la garganta y dijo: «Quiero que sepas que no soy un hombre religioso en absoluto, pero creo que tienes razón. Creo que Dios te ha enviado aquí para decirme que vuelva a casa».

Yo no estaba tratando de obligarlo a orar y aceptar a Cristo allí en la sauna. Yo no estaba allí invitándole a la iglesia. Acababa de escuchar al Espíritu de Dios y transmití el mensaje que había oído. Eso es lo que hace un embajador. Cuando eres consciente de tu estatus diplomático, encuentras todo tipo de oportunidades para representar a Dios.

> No tienes por qué saber qué decir o qué hacer; tan solo escucha a la persona que te envió.

No tienes por qué saber qué decir o qué hacer; tan solo escucha a la persona que te envió. Es su autoridad y no la nuestra la que nos capacita para hablar en su nombre. Fíjate en Pablo; una y otra vez decía: «No soy un orador elocuente, solo predico por el poder del evangelio. Soy el menor de los apóstoles. Hago esto por la autoridad que me ha sido dada por Cristo». Y él no tenía miedo de lo que la gente pensara o lo que pudiera malinterpretar. Explicó: «Porque aunque me gloríe algo más todavía de nuestra autoridad, la cual el Señor nos dio para edificación y no para vuestra destrucción, no me avergonzaré» (2 Co 10.8).

No debemos tener vergüenza de usar la misma autoridad. No es nuestro poder, es el poder de aquél que nos designó. Si estoy en medio de una calle con mucho tráfico y tú conduces hacia mí y yo te digo que pares, ¿qué podrías hacerme? Me atropellarías, ¿verdad? Porque solo soy un tipo ridículo allí de pie hablando. No tengo autoridad para decirte que hagas eso.

Si, por otro lado, tengo una placa que dice que soy policía y te digo que frenes, sabes que es mejor hacerlo. Tengo al gobierno detrás de mí, y no soy yo diciendo que pares; es la ley. Así, como cristiano, no vengo en mi propia cuenta, sino en la autoridad del Señor Jesucristo.

Es como si uno de mis hijos viniera a mí. El pequeño Sam, que tiene doce años, vino ayer y me dijo: «¡Papá, Stephen me está persiguiendo y no va a parar!». Le dije: «Bueno, dile que te deje en paz». Sam contestó: «¡Pero a mí no me escucha!». Miré a Sam y le dije: «¡Dile que papá lo ha dicho!».

Así que Sam se fue a la otra habitación y transmitió mi mensaje. De repente había un poco más de autoridad en su mensaje porque él fue enviado en una misión como embajador del rey de reyes de la casa, que lo envió a arreglar las cosas. Cuando conocemos nuestra fuente, nos basamos en su fuerza.

Los creyentes del primer siglo entendieron que su poder estaba en Jesús y no en sí mismos, que tenían esa autoridad para utilizar su nombre. Ellos dirían: «Enfermo, yo no tengo el poder para sanar, pero en el nombre de Jesucristo, sé sanado», y los enfermos eran sanados. Dirían: «Endemoniado, yo no tengo poder sobre los demonios, pero en el nombre de Jesucristo, ¡sal!».

O, y esto es raro, dirían, «Muerto, estás muerto; en el nombre de Jesús, resucita».

Aun más loco es que el Nuevo Testamento dice que nosotros, como creyentes, podemos hacer cosas aun más grandes. (Ver Jn 14.12.) ¿Por qué? Porque no hay tal cosa como un cristiano del montón. Eres un embajador de Cristo. No fuiste elegido por la gente, sino que fuiste elegido y nombrado por Dios para representar el cielo en la tierra.

Llevas contigo el mensaje de la reconciliación, como si Dios estuviera haciendo su llamado por medio de ti. Y nunca te representas a ti mismo; siempre representas a Dios. ¿Por qué? Porque al igual que Pablo, tú puedes decir: «He sido crucificado con Cristo, mi antigua vida se ha ido. Sin embargo, yo vivo. Pero ya no vivo yo, fíjate; es Cristo quien vive a través de mí».

«Pero yo no soy más que una madre y ama de casa». ¡Tú no eres solo un ama de casa atrapada! Estás encargada de levantar a la próxima generación de transformadores del mundo. Has sido llamada por Dios en tu casa con una misión divina.

«Sí, pero yo solo soy un estudiante». ¡No eres solo un estudiante! Eres es un embajador en tu clase de química, eres un embajador en tu grupo, eres un embajador entre los profesores de tu escuela.

«Vale, pero yo solo soy el simple cajero de un banco». ¡Tú no eres únicamente un cajero del banco, eres un agente secreto del Dios Altísimo, plantado en ese banco para representar a Cristo entre la gente con la que te encuentras todo el tiempo!

Cuando sabes quién eres, sabes qué hacer; y si eres cristiano, eres un embajador del Señor Jesucristo, no elegido por la gente, sino llamado y designado por Dios. Nunca te representas a ti mismo, sino que siempre lo representas a él. Este no es tu hogar; tú eres de otro país. Tú representas al rey del reino que te envió, el Rey de Reyes y Señor de Señores, y esto hace que tu papel en la tierra sea muy importante. No hay nada ordinario en ti, como puedes ver. Eres es el diplomático de más alto rango enviado por Dios, del reino de los cielos, a esta tierra.

Ya sabes quién eres.

Así que ya sabes qué hacer.

sacrificando el relativismo cultural por los valores eternos

vivir
con paciencia

La paciencia es compañera de la sabiduría.

—San Agustín

Mis hijos no son diferentes de la mayoría de los niños en nuestro país. Para decirlo sin rodeos, están mimados en mayor o menor grado, y están acostumbrados a conseguir lo que quieren. Así que para contrarrestar la insistencia de nuestra cultura en la gratificación inmediata, Amy y yo trabajamos duro para enseñarles el valor del sacrificio y la gratificación posterior. Nos gusta definir como sacrificio renunciar a algo que te gusta por algo que quieres aun más. En lugar de obtener algo que deseas hoy, piensa cuánto mejor sería conseguir algo que realmente, *realmente* quieres mañana. ¿Por qué no cambiar lo inmediato por lo definitivo?

Para enseñarles este principio, he desarrollado lo que llamo el Juego de la Oreo. Cada vez que uno de mis hijos cumple cinco años (la edad suficiente para razonar y comprender bien esta lección), hago que se sienten a la mesa y coloco una galleta Oreo enfrente de ellos. Sin excepción, cada uno de estos chicos amantes del chocolate se esfuerza para obtener el premio. Pero antes de que el contenido interior de la galleta llegue a su boca babeante, extiendo la mano y agarro la suya para detenerlos.

Al principio siempre están decepcionados, hasta que le explico que estamos jugando a un juego y tengo una oferta que hacerles. Yo les doy las opciones. «Puedes comerte la galleta ahora. Es toda tuya y no tienes que hacer nada para conseguirla. Pero eso es todo lo que conseguirás, una galleta». Entonces deslizo dos galletas más sobre la mesa. «Pero si esperas una hora, en lugar de una, puedes tener las tres». Entonces silbo la melodía de un programa concurso mientras tratan de decidir su respuesta final.

Tengo una hija (no voy a decir cuál) que siempre elegía la primera galleta. Para qué esperar, ¿no? Tuvimos que jugar varias veces para enseñarle el valor de la gratificación posterior. Ahora es una apasionada de los beneficios de la espera. Mi hijo mayor, Sam, por otro lado, lo entendió a la primera. «¡Genial, papá!», gritaba con entusiasmo. «Vamos a jugar al fútbol durante una hora y luego volvemos y nos comemos las tres galletas».

Mi hijo menor, sin embargo, puede que tenga un gran potencial para los negocios. En vez de tomar mi oferta inicial, Stephen sugería: «¿Qué tal esto, papá? —decía con su mejor cara de póquer—. Si espero una hora, ¿por qué no me das *cinco* galletas en lugar de tres?». Un chico listo.

HAZ LO QUE QUIERAS

Por desgracia, no importa lo talentosos que seamos negociando, la mayoría de nosotros no hemos aprendido a esperar nuestras galletas. Y es solo después del hecho, cuando nos damos cuenta de lo que podríamos haber tenido, cuando entendemos el costo de nuestra decisión. Somos conscientes de que nos conformamos con mucho menos de lo que Dios quería que tuviéramos.

Es muy fácil vivir reaccionando a nuestros impulsos, tomando decisiones como si este momento fuera lo único que importara. Lamentablemente, muchas personas siguen siendo peligrosamente miopes cuando se trata de juzgar lo que es importante y cuándo es importante. Si bien es bueno «vivir el momento», a muchas personas les resulta difícil ver incluso dos minutos en el futuro, reconociendo los problemas que sus decisiones van a crear.

> **Es muy fácil vivir reaccionando a nuestros impulsos, tomando decisiones como si este momento fuera lo único que importara.**

Habrás oído los mantras: «Si te hace sentir bien, hazlo», «Es mi vida, puedo hacer lo que quiera», «¿Por qué debo esperar cuando puedo tenerlo ahora?». Al seguir ciegamente nuestro ego, tendemos a pensar que realmente merecemos todo lo que queremos y nunca debemos ser forzados a esperar, planear, preparar, o abandonar algo.

De nuevo, esto no es totalmente culpa de aquellos que viven con esta forma de pensar. El marketing estratégico, la tecnología avanzada y una vida egoísta nos han entrenado bien. Creciste entre propaganda y anuncios que decían: «Te mereces lo mejor. Haz lo que quieras. Vive en el lujo». Algunas personas creen que el microondas desencadenó una codicia universal por el ahora. Cierro mi problema y se resolverá en sesenta segundos o menos. Si el iPhone tarda más de cinco segundos en descargar un sitio web, la gente se impacienta y se queja de lo malo que es su teléfono, o simplemente acude a otra web en su lugar.

Si miras a tu alrededor, lo ves por todas partes. Un hombre adulto lanza una diatriba porque su hamburguesa de comida rápida tardó tres minutos en hacerse. Una madre que viene desesperada porque el adolescente de la caja registradora la ha retrasado. Una joven pareja enfurecida porque se les ha negado el préstamo para comprar la casa de sus sueños (que estaba muy lejos de su presupuesto) y tienen que hacer algo que nunca han hecho antes: esperar. Nuestra sociedad nos ha enseñado que si vale la pena tener algo, vale la pena tenerlo ya. Si vas a hacerlo, nunca debes obligarte a esperar. Con el fin de sentirnos importantes, nuestros egos nos dicen que debemos conseguir lo que queremos cuando lo queremos.

FRUTA PROHIBIDA

Aunque creo que este problema se está poniendo cada vez peor, no es realmente nuevo. La Biblia está llena de historias de personas que no pudieron darse cuenta de las consecuencias de sus decisiones a corto plazo. En la primera historia de la Palabra de Dios, Eva anhela el fruto prohibido. Si lo piensas, lo tiene todo... todo lo que cualquier mujer podría desear. Una relación íntima con el Dios del universo. Un marido que la adora. Un paraíso como casa.

Además tampoco tiene algunas de las cosas que nos traen de cabeza. Eva no tiene otra mujer en el mundo que se compare con ella. Nunca tiene que preguntar: «¿Crees que ella es más guapa que yo?». Nunca teme que la otra persona sea una mejor madre, mejor cocinera o una organizadora mejor, o alguien con un mejor cuerpo. Eva no puede comparar cocinas, armarios, o esposos; nunca tiene que caer en la trampa de la comparación envidiosa. La primera mujer que ha vivido lo tiene todo —realmente todo— excepto el fruto del árbol que Dios dice que está fuera de los límites.

A pesar de que esta mujer lo tiene todo, la serpiente se las arregla para tentarla con la pregunta: «¿Dios os ha dicho: No comáis de todo árbol del huerto?» (Gn 3.1). En nuestro mundo, las preguntas podrían ser: «¿Conque Dios ha dicho que hay que esperar hasta el matrimonio para tener relaciones sexuales?», «¿Conque Dios ha dicho que amen a sus enemigos cuando prefieren matarlos?». «¿Dios te ha dicho que debes seguir casado cuando preferirías estar casado con otra persona?».

A pesar de que Eva lo tiene todo excepto una pieza de fruta, la única cosa que se le niega se convierte en lo que todo lo consume, en lo que hay que obtener como sea.

Todos hemos llegado a tomar un poco de la fruta prohibida (o al menos una porción de pastel de manzana) y dado un mordisco que cuesta más de lo que nunca imaginamos. Moisés lo hizo cuando se enojó y mató a un hombre. David lo hizo cuando estaba solo y cometió adulterio. Judas lo hizo cuando fue codicioso y traicionó a Jesús. Y lo hacemos cuando perdemos los estribos, cuando tenemos relaciones sexuales antes del matrimonio, cuando compramos algo que no nos podemos permitir o llenamos el buche hasta que nos ponemos gordos.

Vemos este problema común descrito claramente en las Escrituras: «Porque todo lo que hay en el mundo, los deseos de la carne, los deseos de los ojos, y la vanagloria de la vida, no proviene del Padre, sino del mundo. Y el mundo pasa, y sus deseos; pero el que hace la voluntad de Dios permanece para siempre» (1 Jn 2.16–17). A menudo la gente intercambia las bendiciones a largo plazo que llegan más tarde por las cosas que ofrecen soluciones rápidas y menores pero que pueden obtener ahora.

TODO AHORA, NADA MÁS TARDE

Si conoces a alguien que creció durante la Gran Depresión, tal vez un padre o un abuelo, entonces sabrás que su visión del mundo difiere radicalmente de la de las generaciones que les siguen. Debido a que ellos crecieron careciendo de lo que damos por sentado, reservaban, ahorraban y planeaban. Pero esas generaciones que vinieron después de la generación más ingeniosa de la historia reciente han permitido que el péndulo oscilara hacia el otro lado.

La mayoría de los compañeros de mis padres (la generación del *baby boom*) tomaron prestado, cargaron a cuenta, y apalancaron para tener una «mejor» forma de vida. Ahora que están cerca de los setenta años, esa generación está despertando y su sueño material convirtiéndose en una pesadilla financiera. Después de décadas de vivir el momento, la mayoría no están preparados financieramente para los últimos años de su vida.

Por desgracia, los desafíos van más allá de las finanzas. Durante su infancia, el divorcio era raro. Pero a medida que envejecían, su estilo de vida egocéntrico condujo a decisiones más egoístas, dejando a su paso relaciones dañadas o destruidas. Mi generación, en su mayor parte, es igual. Y los que me siguen han perfeccionado este estilo de vida miope como una forma de arte. Mi abuela siempre decía: «Si juegas ahora, tendrás que pagar más tarde». Por desgracia, ahora hay demasiado en juego, por lo que el pago crece más y más, y se acerca a nosotros como una bala.

Con la ayuda de Dios, puedes romper esta maldición.

> **Con la ayuda de Dios, puedes romper esta maldición.**

Vamos a empezar por reconocer honestamente el problema. ¿No te parece normal que las personas quieran lo que quieren ahora, y no después? «Tengo que tenerlo... ¡ya!». «¿Para qué esperar?». «¡Nada va a privarme de conseguir lo que quiero!». Esta es exactamente la actitud del hermano más joven en la historia de Jesús del hijo pródigo. Jesús explicó que un padre tenía dos hijos. Pero el más joven de los dos no quería esperar hasta la hora indicada para recibir su herencia; entonces, dice la Biblia: «El hijo menor de ellos le dijo a su padre: Padre, dame la parte de los bienes que me corresponde *ahora*» (Lc 15.12, el énfasis es mío). Al igual que muchos hoy en día, él no quería esperar. Quería lo que quería y lo quería ya.

Verás lo mismo a tu alrededor, y tal vez incluso lo reconozcas en ti mismo. El nuevo socio que pidió romper algunas normas éticas para cerrar el gran negocio. Siente que no tiene otra elección salvo seguir adelante si quiere conseguir un ascenso y el despacho principal.

O tal vez se trata del tipo que está saliendo con su novia y la presiona diciendo: «Tengo que tenerte ahora o me voy a morir». O la mujer que ve el par de zapatos perfecto que combina con el conjunto que no tiene todavía pero que va a comprar para que combine con los zapatos que no puede permitirse pero que comprará porque son de su diseñador favorito y tienen un descuento del diez por ciento. O tal vez es algo más sutil y mundano, como la persona solitaria que está tan decepcionada con que el debate presidencial haya contraprogramado su comedia favorita, que se come una caja entera de helados.

Querer algo que te hará sentirte mejor ahora es algo que por lo general sentimos que podemos justificar. ¿Cuál es el problema de un poco de placer físico, o un nuevo par de zapatos, o un par de cuencos de helado? La Biblia dice que hay un camino que parece recto al hombre, pero al final es camino de muerte (Pr 14.12).

SIN TRATO NO HAY COMIDA

En la búsqueda del placer inmediato, la gente intercambia lo definitivo por lo prescindible. He oído al pastor y escritor Andy Stanley describir este fenómeno con la historia bíblica de Jacob y Esaú. Si no estás familiarizado con la historia, Jacob y Esaú eran hermanos gemelos. Esaú era el mayor, nacido minutos antes que su hermano más joven, Jacob. Me han dicho que los hermanos menores suelen estar celosos de sus hermanos mayores, lo cual fue sin duda el caso de esta historia. Esaú era todo un hombre, mientras que Jacob era más un niño de mamá.

En este período de la historia, el hijo primogénito tenía ventajas extremas. Tenía lo que se conoce como derecho de nacimiento. A la muerte del padre, el primogénito recibía el doble de la herencia que cualquiera de sus hermanos. También se convertía en el juez (o ejecutor) del patrimonio del padre. A lo largo de su vida, el hermano mayor vivía con sus ventajas y era favorecido simplemente por haber nacido en primer lugar. Te puedes imaginar cómo esto rabiaría al hermano menor.

Pues bien, con estos dos chicos, la escena se redujo algo así como a un mal episodio de *Iron Chef.* «Y guisó Jacob un potaje; y volviendo Esaú del campo, cansado, dijo a Jacob: Te ruego que me des a comer de ese guiso rojo, pues estoy muy cansado. (...) Y Jacob respondió: Véndeme en este día tu primogenitura. Entonces dijo Esaú: He aquí yo me voy a morir; ¿para qué, pues, me servirá la primogenitura?» (Gn 25.29–32).

El conflicto parece muy básico, un apetito físico temporal luchando contra una bendición familiar eterna. Esaú, el hermano mayor, ha estado fuera cazando y tiene muchísima hambre. Tal vez su viaje a casa tomó más tiempo de lo que esperaba y su estómago ya pasó hace mucho de solo gruñir. No es solo hambre. Tiene HAMBRE. Cuando ve a Jacob cocinando un guiso, Esaú le pide algo de comer.

De repente, el hermano más joven tiene la ventaja, quizá por primera vez. Me puedo imaginar a Jacob sintiendo que tiene la sartén por el mango, pensando: «Ya te tengo. Todos esos años que me has incordiado, todas las veces no que no me dejabas jugar con tus amigos, todas esas veces que me eclipsaste... ahora te vas a enterar».

Esaú dijo algo que me parece divertido. Se quejó: «Mira, voy a morir si no consigo algo de comer». Solo por si te sientes tentado a creerle, vamos a decir las cosas como son. Estaba siendo un bebé llorón, un rey del drama, un mocoso total. Esaú no estaba a punto de morir. No era más que hambre y estaba acostumbrado a tener la comida en el momento en que quería algo de comer.

Jacob arrinconó a su hermano y llegaron a un acuerdo. «¿Quieres un poco de este delicioso estofado, con carne caliente, zanahorias y tus tomates favoritos? Vale, te va a salir caro. Si me das tu primogenitura, te doy un poco de guiso».

Y fue entonces cuando Esaú hizo el peor trato de su vida. Esaú negoció lo definitivo (su primogenitura) a cambio de lo inmediato (un plato de guiso). Al final, no será capaz de poner un precio a lo que paga por una simple comida.

Puede que te preguntes: «¿Quién haría algo tan estúpido como cambiar su primogenitura por un plato de estofado?».

Si lo piensas bien, ya sabes la respuesta.

Lo hacemos todos los días.

TU PLATO DE ESTOFADO

Parece absurdo imaginar a alguien comerciando con algo tan valioso para obtener algo tan temporal. ¿Por qué Esaú hizo un trato tal malo? ¿Por qué generación tras generación los adultos inteligentes toman decisiones similares todos los días? Es muy sencillo. Permitimos que nuestros descontrolados deseos carnales se impongan a nuestros mejores sentidos. Permitimos a nuestros egos, en lugar de a nuestros altar egos, que dirijan nuestros deseos.

¿Recuerdas el versículo que observamos en 1 Juan? El mundo nos ofrece el cumplimiento de todos nuestros deseos. «Tengo hambre y lo quiero. Me siento solo, así que necesito a esa persona. Me siento vacío, así que tal vez eso me satisfará». El mundo ofrece sustitutos (o falsificaciones de) las cosas reales: el placer físico, lo material, estar orgullosos de lo que tenemos y lo que hacemos. En poco tiempo, los deseos pecaminosos de los billetes falsos de este mundo nos atraen hacia decisiones a corto plazo con consecuencias a largo plazo.

Sin duda conoces a mucha gente que se ha arruinado la vida por deseos desenfrenados y salvajes. Puede ser una persona que compra cosas que no puede pagar, acumulando préstamos y cargos hacia la destrucción fiscal final. Cada compra la hace sentirse bien consigo misma por un fugaz momento; puede ir a la última moda y tener el último teléfono y el último iGadget. Pero un día se despierta, enterrada viva bajo una montaña de deudas.

Puede ser el tipo que sabe que mirar pornografía no es bueno para su vida espiritual o sus relaciones. Pero cuando se siente tentado por la oportunidad, su deseo inmediato abruma su deseo de obedecer a Dios. En poco tiempo, lo que parecía inofensivo en un principio se convierte en mortal. Está atrapado y cree que no puede parar. No tenía ni idea de que tomar un trago de veneno pornográfico daría lugar a una adicción que mata lentamente su alma.

Probablemente conozcas a una joven que quería honrar a Dios y a su futuro esposo reservándose para el matrimonio. Pero como creía amar el tipo con el que estaba saliendo y no quería perderlo, comprometió sus valores al darle su cuerpo. Después de que su «amor verdadero» consiguiera lo que quería, finalmente la abandonó y se dedicó a otras conquistas. Al principio se sentía muy mal, pero al final decidió: «Ya no soy virgen, ¿por qué no habría de encontrar un poco de consuelo si puedo?». Y a lo largo de los años acumuló pecaminosos recuerdos sexuales, que aún nublan su matrimonio y ella frecuenta con pesar.

Puede que conozcas al tipo que se dijo que tenía que proveer una «vida mejor» para su familia. (¿Alguna vez te has dado cuenta de que «vida mejor» nunca significa más tiempo, relaciones más profundas, o intimidad espiritual? Una vida mejor generalmente significa darles cosas que no duran y que tampoco importan.) Armado con buenas intenciones, se lanzó a su carrera e hizo lo que fuera necesario: sesenta horas a la semana, viajar la mitad del mes, trabajar en casa los fines de semana. Entonces, un día, su compañía redujo el personal y se encontró buscando un nuevo trabajo. Peor aún, se despertó con un matrimonio fracasado y niños a los que todavía ve, pero que no conoce realmente.

¿Qué nos hemos hecho a nosotros mismos estas personas y millones de otras personas como usted y como yo? Hemos cambiado lo definitivo (las bendiciones de Dios) por lo inmediato (nuestros deseos egoístas). Hemos cambiado nuestra primogenitura por un estúpido plato de estofado.

ENTÉRATE DE LOS DETALLES

Si cambiar tu primogenitura por un plato de estofado parece inverosímil, entonces permíteme compartir otro ejemplo. En 1894, la Casa de la Moneda de Estados Unidos en San Francisco produjo solo veinticuatro monedas, relativamente pocas para su época, pero ciertamente sorprendente si tenemos en cuenta los millones de monedas producidas por las casas de la moneda de nuestro país en la actualidad. El superintendente de la Casa de la Moneda de San Francisco era entonces un hombre llamado John Dagget. Conociendo la rareza de las pocas monedas producidas ese año, adquirió varias y dio tres de las monedas de diez centavos a su hija, Hallie. «Guárdalas bien, querida, que van a valer mucho más de diez centavos algún día», le dijo.

En su camino a casa desde la oficina de su padre, la joven Hallie hizo lo que muchos niños harían. Se detuvo en su tienda de refrescos favorita y cambió lo que se convertiría en una de las monedas más raras del mundo por una bola de su helado favorito. Casi un siglo después, en 1981, la moneda apareció y se vendió por 34.100 dólares. Hoy se sabe que existen solo diez monedas de diez centavos de 1894-S Barber, y están consideradas como unas de las monedas más buscadas del mundo. La pobre bola de helado de vainilla de Hallie terminó costándole mucho más de lo que jamás pudo imaginar.

Nos vendría bien aceptar el principio de la gratificación posterior en lo que respecta a todas nuestras finanzas, no solo con nuestras monedas de diez centavos. Por un espíritu de reconocimiento, es común que los adolescentes (y los adultos aún en la adolescencia) crean que realmente necesitan el último iPhone, iPod o iPad. (Si su iPad no tiene 4G, necesitan asesoramiento para superar los abusos de su infancia.) Algunos adolescentes creen realmente que necesitan (o merecen) un automóvil de treinta mil dólares. O un endeudado joven de veinte años que cree que un viaje de vacaciones de primavera en Cancún es una necesidad. O la joven pareja que acaba de salir de la universidad que siente que es su derecho vivir en una casa tan bonita como la casa de sus padres.

Dios me bendijo con un gran profesor en la universidad que me ayudó enseñándome sabiduría acerca del dinero. El doctor Altshuler no enseñó en la universidad porque necesitara esos ingresos. Era un hombre de negocios muy exitoso, rico e independiente, que impartía clases de economía debido a su amor por el tema y por los alumnos.

Le pregunté por su obra más valiosa de asesoramiento financiero, y su respuesta cambió el rumbo de mi vida. Sin dudarlo, el doctor Altshuler dijo: «Casi todo el mundo de tu edad va a pasar los próximos diez años comprando y acumulando deudas. Si eres inteligente, no hagas lo que todos hacen. Los sabios no compran pasivos; compran activos».

> **Los sabios no compran pasivos; compran activos.**

Dado que solo tenía diecinueve años y estaba todavía verde, le pedí que me lo aclarara. «¿Qué es exactamente un pasivo? ¿Y qué es un activo?». Mi profesor me explicó que los pasivos son cosas que se deprecian, o que descienden de valor con el tiempo. Si compras un coche por veintiocho mil, pierdes por lo menos dos mil del valor al momento de sacarlo del concesionario. Ya no es nuevo. Se ha usado y vale mucho menos. Dentro de cinco años, vale menos de la mitad de lo que pagaste.

La depreciación de la ropa es aun más espectacular. Una camisa nueva que cuesta cincuenta dólares es un valor de cincuenta *centavos* en una venta de garaje unos meses más tarde. Lo mismo pasa con casi todo lo que la gente normal compra. Los teléfonos móviles bajan de valor. Los ordenadores bajan de valor. Los zapatos bajan de valor. Los muebles bajan de valor. Y los viajes o experiencias que cuestan cientos o miles de dólares no tienen ningún valor económico una vez pasan. Es por eso que la mayoría de los jóvenes terminan en apuros económicos y arruinados. Vierten todos sus recursos en cosas que no valen mucho pasado el tiempo.

Mi sabio mentor continuó explicando que la vida podía ser totalmente diferente si adoptáramos un enfoque a largo plazo en la administración del dinero. En lugar de comprar pasivos, debemos invertir en activos. ¿Qué es un activo? Algo que mantiene su valor, sube, o produce ingresos adicionales. Una buena acción es un activo. Ser propietario de un negocio rentable es un activo. Una casa es generalmente un activo (sé que el mercado inmobiliario ha sido golpeado en los últimos años, pero con el tiempo, los bienes raíces generalmente se consideran una gran inversión).

Con diecinueve años poseer activos me parecía inalcanzable. Así que le pregunté a mi profesor qué tipo de activo me podría permitir. Me explicó que él era dueño de una propiedad que estaba en alquiler, y que tal vez podría comprar una pequeña casa para vivir y tener un compañero de cuarto o dos cuyo alquiler cubriría el pago y tal vez incluso proporcionara un poco más.

Dejé esa conversación y encontré una casa para comprar. No era una casa bonita, de ninguna manera, pero yo era un universitario y estaba acostumbrado a vivir con austeridad. Lo creas o no, pagué 14.900 dólares por mi primera casa. Con un pequeño pago inicial, mi hipoteca mensual resultó la friolera de 151,77 dólares al mes en un lapso de diez años.

Me fui a vivir allí y admití un par de compañeros de habitación, y de inmediato empecé a ganar dinero. En poco tiempo me compré una segunda casa. Les dije a mis compañeros que alguien podía vivir en mi casa por unos cientos de dólares por cabeza al mes. Mis amigos eran tan tacaños que metieron a seis o siete chicos en una casa de dos dormitorios. Y en nada de tiempo, yo era un rey de las finanzas de diecinueve años de edad haciendo dinero con mis bienes.

Con el tiempo, hice una cantidad enorme de dinero (para un chico joven) con el sabio consejo de mi profesor. Mientras mis amigos perdieron efectivo en cerveza, ropa y automóviles, compré casas baratas que pagaban buenos dividendos. Hoy en día estamos en condiciones de hacerlo de manera más económica porque compramos cosas que construyen riqueza en lugar de disminuir de valor. Más tarde es a menudo mejor que ahora.

El mismo principio se aplica con el sexo. Nuestra cultura dice: «Consíguelo mientras puedas. ¿Por qué esperar hasta que te cases? No compraría el coche sin probarlo por primera vez, ¿verdad?». Mucha gente negocia lo definitivo con lo inmediato. Sé que yo lo habría hecho, pero afortunadamente Cristo transformó mi corazón y mi vida antes de conocer a Amy. Puesto que deseábamos agradar a Dios en todo, tuvimos la bendición de esperar hasta el matrimonio para compartir el regalo de hacer el amor.

Más que el placer físico inmediato de las relaciones sexuales prematrimoniales, esperamos y ganó lo definitivo. Esto incluye un testimonio para toda la vida. Puedo decirte a ti, a nuestra iglesia, nuestros hijos y nuestros nietos que honramos a Dios por esperar. También construimos confianza. Si nos hubiésemos comprometido y tenido relaciones sexuales antes del matrimonio, me habría casado con un compromiso, lo mismo que Amy.

En el fondo podríamos habernos preguntado: «Si mi cónyuge se comprometió antes del matrimonio, ¿lo haría otra vez después del matrimonio?».

En lugar de miedo, construimos confianza. ¿Y nuestra luna de miel? Digamos que Dios es bueno. Si hubiéramos tenido relaciones sexuales antes del matrimonio, la luna de miel hubiera sido otro día en la oficina. En cambio, desenvolvimos el regalo supremo de la intimidad y celebramos el matrimonio como Dios manda.

EL PODER DE LA PACIENCIA

Entonces, ¿cómo dejamos de vivir como las multitudes? ¿Cómo podemos vencer la atracción cultural hacia la gratificación inmediata del ego? Buscamos a Dios con todo nuestro corazón hasta que sus deseos se convierten en los nuestros. En vez de anhelar lo que nuestros compañeros anhelan, aprendemos del corazón de Dios y anhelamos lo que le importa a él. Nuestros egos exigen convertirse en altar egos, con nuestra impaciencia egoísta sacrificada por algo mucho más grande.

Las Escrituras nos exhortan: «deléitate asimismo en el Señor, y él te concederá las peticiones de tu corazón» (Sal 37.4). Al buscar a Dios, sus deseos se vuelven los nuestros. La palabra hebrea traducida como «placer» es la palabra *anag*. Lleva consigo la idea de volverse suave o flexible. Podrías decir que mientras nos deleitamos en Dios, él da forma a nuestros corazones y deseos para que se parezcan a los suyos. Entonces, en lugar de desear los deseos de nuestra naturaleza carnal, aprendemos a desear los deseos del reino de nuestro Dios.

Todos queremos marcar una diferencia en este mundo. Y cuando no tenemos el impacto inmediato que deseamos, nos sentimos a menudo frustrados o desanimados, como si hubiéramos fallado en ser cristianos. Pero la verdad es que Dios obra en nosotros, incluso cuando no podemos ver... tal vez especialmente cuando no podemos verlo.

Uno de mis mentores me dijo: «Craig, es muy probable que sobreestimes lo que Dios quiere hacer a través de ti a corto plazo. Pero es muy probable también que subestimes lo que Dios quiere hacer a través de ti a largo plazo». Acertó. Me quedé muy decepcionado porque no podía ver los resultados inmediatos del ministerio que yo quería. Me merecía un ministerio más grande, ¿no? A decir verdad, yo no merecía nada. Yo sobreestimé lo que podía hacer en ese momento. Pero no tenía ni idea de lo que Dios quería hacer a través de mí durante toda la vida. No te rindas. El ministerio es una maratón, no un *sprint*.

Pablo nos dice: «Andad en el Espíritu, y no satisfagáis los deseos de la carne. Porque el deseo de la carne es contra el Espíritu, y el del Espíritu es contra la carne; y éstos se oponen entre sí, para que no hagáis lo que quisiereis» (Gá 5.16–17). Mientras el Espíritu de Dios nos guíe, no buscaremos el plato de estofado, otra Oreo, o una bola de helado. El Espíritu Santo sustituye nuestros deseos más bajos, egoístas y exigentes por los de Dios, mayores, serviciales al reino, desinteresados.

Piensa en esto por un momento. Durante siglos, el nombre de Dios a menudo ha sido etiquetado por los patriarcas que le amaron y sirvieron con fidelidad. Probablemente les has escuchado referirse a Dios como «el Dios de Abraham, de Isaac y de Jacob». Si haces una pausa y reflexionas sobre la historia que vimos antes, verás algo que te dejará extrañado.

Esaú era el hermano mayor con la primogenitura. Cuando Jacob le engañó para que le diera su primogenitura, Esaú cambió lo definitivo por lo inmediato. Si no hubiera tomado esa miope decisión devastadoramente destructiva, a lo largo de la historia habrías oído a Dios referido como el Dios de Abraham, de Isaac y *Esaú*. Esaú perdió su oportunidad.

Tú serás más sabio. Sé que lo harás. Cuando te enfrentes a tentaciones, podrás ver más allá del momento. Recordarás que la paciencia es mejor que el poder. El control de uno mismo es más importante que la conquista de una ciudad. Elegirás lo definitivo de Dios sobre lo inmediato. Nunca apostarás tu derecho de primogenitura por un plato de simple estofado. Ya no sacrificarás tu destino por unos deseos distorsionados.

Mientras compruebas lo mucho que Dios ha planeado que hagas en este mundo, te ruego que vivas con una perspectiva a largo plazo, que tomes decisiones que honren a Dios y te impulsen hacia adelante en el tiempo. Sacrificas tus propios intereses impulsados por el ego para experimentar la perfecta sincronización de reloj de Dios. En lugar de exigir lo que quieres ahora, a menudo es infinitamente mejor esperar. Proverbios 16.32 dice: «Más vale ser paciente que valiente; más vale dominarse a sí mismo que conquistar ciudades» (NVI).

Vivir con paciencia es mejor que la musculatura para reclamar lo que quieres antes del tiempo correcto. El autocontrol suele abrir la puerta a las bendiciones más duraderas y significativas. La paciencia viene de saber que tienes suficiente de lo que más necesitas.

vivir
con integridad

La integridad no viene por grados: baja, media, o alta.
O tienes integridad o no la tienes.

—Tony Dungy

No hace mucho, fui a una tienda de conveniencia para comprar algunas cosas, y entregué a la cajera unos pocos dólares para pagar mis artículos. Ella me dio mi cambio y un recibo, y como tenía prisa, rápidamente me los metí en el bolsillo y me dirigí hacia la puerta. Cuando me metí en el coche, saqué el dinero que me había entregado y estaba a punto de ponerlo en mi cartera cuando me di cuenta de que me había dado demasiado cambio... más bien, *muy* demasiado.

No voy a mentirte. Mi primer pensamiento fue: «¡Vaya! ¡Dios es bueno!».

Afortunadamente, mi pensamiento siguiente fue: «¡No! Tengo que devolverlo». No estoy seguro de si fue la voz de mis padres durante la infancia o el susurro del Espíritu Santo empujando mi conciencia, pero estaba agradecido.

Conté lo que debía haber sido el cambio correcto, y luego volví a la tienda. Esperé hasta que mi generosa cajera estuviese libre, me acerqué, le tendí el dinero extra y le dije: «Señora, disculpe, pero me ha dado más cambio del que debía».

Había estado yendo por todo el negocio, centrada en los pormenores de su trabajo, cuando de repente, su rostro cambió por completo. Sus ojos se llenaron de lágrimas, y balbuceó: «¡Oh, oh, oh, Dios mío! No puedo *creer* que trajera el cambio! ¡Simplemente no lo puedo creer!».

Se tomó un segundo para recobrar la compostura.

—¡Muchas gracias! Esto significa mucho para mí. ¡Gracias por hacer lo correcto! Simplemente no puedo...

Yo estaba realmente sorprendido por lo que parecía una reacción exagerada. Dije:

—En realidad, no es mucho...

Ella me interrumpió:

—No, No. No tienes idea.

Comenzó a salir de detrás del mostrador y me dijo:

—¿Te importa si te doy un abrazo?

Entonces me sorprendió aun más. Le dije:

—Eh... bien... —aunque ella ya estaba poniendo sus brazos alrededor de mí. Así que hice el movimiento «palmadita en la espalda, palmadita en la espalda, bajar la intensidad, separarse, ya está».

Regresó de nuevo tras el mostrador, mirando el dinero en la mano, aún abrumada por la emoción, diciendo una y otra vez: «¡No puedo creer que lo trajera de vuelta!».

Con ojos llenos de gratitud otra vez, ella explicó: «Esta no es la primera vez que me pasa. Sigo cometiendo el mismo error dando demasiado dinero de cambio. Cada vez que ha pasado, he tenido que poner yo el dinero. No sé por qué me resulta tan difícil, pero ha seguido pasando». Respiró hondo y bajó la voz. «Como no paraba, mi jefe me dijo que si sucedía una vez más tendría que despedirme. Soy madre soltera. No puedo permitirme perder este trabajo».

Sonreí, fui hacia la puerta, y dije: «Bueno, estoy contento de haber sido capaz de ayudarle».

Antes de que la puerta se cerrara detrás de mí, oí gritar una vez más: «¡Todavía no puedo creer que haya traído ese dinero de vuelta! ¡Gracias!».

No sé quién acabó teniendo un día mejor después de eso, si ella o yo.

DÉFICIT DE INTEGRIDAD

¿No es trágico que vivamos en un mundo donde la gente se sorprenda más por un despliegue de integridad que por su falta? Cada vez más a menudo la gente parece sorprendida cuando alguien hace lo correcto en lugar de cuando alguien no pasa la prueba moral. Esta inversión es una triste crítica de lo corrupta y ensimismada que se ha vuelto nuestra cultura. Nuestra ética se ha vuelto subjetiva para nuestro ego y no al revés.

No hace falta mirar muy lejos para encontrar una historia tras otra sobre personas que carecen de integridad. Tal vez sea un atleta profesional a quien todo el mundo admira. Es el mejor en lo que hace, pero por encima de eso, se entrega abnegadamente a alguna organización benéfica que está haciendo mejor la vida de las personas. Hasta que un día la noticia salta: tenía otra vida secreta sórdida de la que nunca habíamos oído.

Algunos políticos hacen lo mismo. Se postulan para un cargo sobre una plataforma para mejorar las cosas, y un día descubrimos que han estado viviendo secretamente como si estuvieran por encima de la ley. Le sucede incluso a los líderes cristianos —pastores, ministros, evangelistas— que predican la Palabra de Dios, pero están tomando drogas, visitando prostitutas, o malversando fondos de sus iglesias. Es como si hubieran permitido que sus egos prevalecieran sobre sus almas.

Todas estas cosas son tan «normales» que en realidad ya no nos toman por sorpresa. Solo parece peor cuando le sucede lo mismo a un amigo cercano. Pensabas que lo conocías. Le amabas, confiabas en él, y luego *boom*, cae el telón y se ve el desastre que estaba ocurriendo todo el tiempo entre bastidores.

> Si sabes quién eres en Cristo, entonces sabrás cómo representarle dondequiera que vayas.

Así que si la falta de integridad está clara, ¿qué es la verdadera integridad? Aquí hay una definición simple: practicar la integridad significa que tu comportamiento coincide con tus creencias.

Eso es todo lo que hay que hacer. Todas las partes de tu vida forman un conjunto unido sin costuras. No hay compartimientos secretos o dobles vidas. Lo que dices coincide con lo que haces. Tu estilo de vida está integrado. Tu vida privada se adapta a tu vida pública, sin sorpresas. Lo que otra gente ve es lo que hay, sin importar el lugar en el que te encuentres. Puede que hayas oído el término definido de esta manera: «Integridad es lo que haces cuando nadie está mirando».

Solo para aclarar, la integridad personal no es lo mismo que tu reputación. No, tu reputación es lo que otras personas *piensan* que eres. Tu integridad (o la falta de ella) es lo que *realmente* eres.

La Palabra de Dios nos dice: «La integridad de los rectos los encaminará; pero destruirá a los pecadores la perversidad de ellos» (Pr 11.3). Muy cierto. Piensa nomás en todas las personas que fueron destruidas cuando su castillo de naipes —construido sobre la base inestable del engaño— se vino abajo. Creo que muchos sectores de la sociedad están siendo destruidos hoy por la duplicidad de los dirigentes, incluso organizaciones enteras, que dicen creer una cosa y, sin embargo, practican otra.

ÍNTEGRO

Mi esposa y yo valoramos tanto la integridad que nos empeñamos mucho en ayudar a nuestros hijos (y ayudarnos el uno al otro) a entenderla y practicarla. Nuestro compromiso con la integridad se refleja incluso en los nombres de nuestros hijos. Es por eso que hemos llamado a nuestro primer hijo Samuel. Si bien no es una coincidencia que el nombre del papá de Amy también sea Sam, a ella y a mi nos encanta la consistencia de carácter que vemos en el Samuel bíblico, del Antiguo Testamento.

Hacia el final de su vida, Samuel resume su historial de servicio fiel ante la gente de Israel:

> Aquí estoy; atestiguad contra mí delante de Jehová y delante de su ungido, si he tomado el buey de alguno, si he tomado el asno de alguno, si he calumniado a alguien, si he agraviado a alguno, o si de alguien he tomado cohecho para cegar mis ojos con él; y os lo restituiré.
> Entonces dijeron: Nunca nos has calumniado ni agraviado, ni has tomado algo de mano de ningún hombre.
> —1 Samuel 12.3–4

Al final de su vida, Samuel se puso frente a su comunidad y les dijo:

—¿He vivido una vida de integridad? Si he hecho mal a alguno de ustedes, que me lo diga, y lo enmendaré.

Y ellos le respondieron:

—No, tú siempre has hecho lo correcto. Eres una persona íntegra, Samuel. Has sido fiel.

Al final de mi vida, quiero ser capaz de hacer la misma pregunta y obtener la misma respuesta. Quiero que mis hijos, mis nietos, y las generaciones de Groeschels después de mí, sean capaces de hacer exactamente lo que la comunidad de Samuel hizo. Al final de mi vida, quiero ser capaz de decir con sinceridad:

—Aquí está su oportunidad. ¿Hice lo que afirmé que iba a hacer? ¿He practicado lo que prediqué?

La gente incluso puede responder:

—Bueno, no nos gustan los chistes o la forma en que vistes o tu estilo de ministerio. Pero, sí, eres una persona íntegra. Todas esas cosas que dijiste que creías las viviste realmente.

Otro hombre de integridad bíblica fue David, tal vez fue más creíble porque se equivocó a lo grande y trató de ocultarlo, pero al final no podía vivir consigo mismo. Él ofrece otra imagen de a qué se parece la integridad. En uno de sus salmos, David pregunta: «Señor, ¿quién habitará en tu tabernáculo sagrado? ¿Quién puede vivir en tu monte santo», y entonces cataloga los rasgos de una persona así de piadosa:

El que anda en integridad y hace justicia, [actúa con integridad],
y habla verdad en su corazón [habla con integridad].
El que no calumnia con su lengua [motivado por la integridad],
Ni hace mal a su prójimo,

Ni admite reproche alguno contra su vecino [interactúa con integridad].
Aquel a cuyos ojos el vil es menospreciado,
Pero honra a los que temen a Jehová.
[discierne con integridad]
El que aun jurando en daño suyo, no por eso cambia [mantiene su integridad];
Quien su dinero no dio a usura,
Ni contra el inocente admitió cohecho [practica la integridad].
El que hace estas cosas, no resbalará jamás.
—Salmos 15.1-5

David pregunta: «Señor, ¿quién va a disfrutar de tu presencia continua? ¿Quién va a caminar contigo y a tener comunión contigo?». En cada caso, la respuesta es la persona que vive una vida de integridad, y la promesa es que «cualquiera que hace estas cosas nunca será conmovida».

¡Cuando vivimos de esta manera, nunca somos conmovidos! ¿Te das cuenta de lo increíble de esta declaración? Sobre la base de este pasaje de las Escrituras, me gustaría mostrarte cuatro de los beneficios directos de vivir una vida de integridad. Si bien hay muchos más, estos son algunos de mis favoritos:

1. *Vas a caminar cerca de Dios.* Piensa en ello de esta manera: si yo puedo impartir con claridad mis valores familiares a nuestros hijos, y si deciden vivir sus vidas de acuerdo a estos principios, entonces, evidentemente, esto aumentará nuestra armonía unos con otros. Por otro lado, considera lo que pasaría si yo compartiera valores importantes con nuestros hijos, y uno de ellos decidiera seguir su propio camino, al contrario de lo que

le hemos enseñado. Bien, por supuesto, todavía amaría a ese niño, pero sin duda sus decisiones van a interferir en nuestra intimidad, nuestra comunión y nuestra relación. Nuestra relación con Dios sigue una dinámica similar. Cuando vives de acuerdo con sus valores, naturalmente, caminarás con él, disfrutando de su presencia todos los días.

2. *Tendrás un GPS divino.* Proverbios 11.3 habla de que «la integridad de los rectos los encaminará». Cuando permites que la integridad te guíe, no tienes que adivinar lo que es correcto. Las decisiones se vuelven mucho más fáciles cuando están basadas no en lo que tú piensas que vas a conseguir, sino en lo que es correcto a los ojos de Dios. Es la diferencia entre guiarte por tus conjeturas sobre cómo llegar a un destino y la utilización de un GPS de primer nivel que te indica cómo proceder en cada paso del camino. Debemos permitir que nuestra integridad nos guíe.

3. *Te sentirás en constante paz.* Probablemente debido a mi pasado, este beneficio significa mucho para mí. Cuando pongo mi cabeza en mi almohada por la noche, no me quedo allí preocupándome: «Espero que nadie se entere de lo que he hecho hoy». Cuando vives con integridad, no vigilas tus espaldas, temiendo ser descubierto, preguntándote cuánto tiempo pasará hasta que te descubran. Cuando simplemente haces lo correcto, permaneces en paz constante. No hay miedo, culpa, vergüenza o arrepentimiento; solo paz.

4. *Vas a ganar confianza, respeto, honor e influencia.* Si deseas dirigir e inspirar a tu familia, sé una persona de integridad. Si queremos grandes niños, seamos padres con integridad. Si quieres influencia en los negocios, sé una persona de palabra. Cuando se vive con integridad, la gente te sigue y respeta. Van a escuchar cuando les hablas. Con el tiempo, incluso empiezan a buscar tu sabiduría y consejo. Tal es el legado de la integridad.

HACIENDO UN PAPEL

Los beneficios de la integridad pueden parecer obvios; sin embargo, permanecen fuera del alcance de muchas personas, entre ellas quienes deberían ser los mejores ejemplos: los cristianos. Una de las quejas más comunes que escucho de la gente de fuera de la iglesia es que los cristianos son unos hipócritas, lo que es claramente un problema, ya que un hipócrita es lo contrario de una persona de integridad. *Hypokrites*, la palabra griega que traducimos como «hipócrita», significa literalmente «un actor o personaje en el escenario». En la tradición del teatro griego antiguo, cada actor tenía varios papeles diferentes. Usaban una máscara de madera tallada diferente para cada uno de los distintos personajes que tenían. Tal vez hayas visto la máscara sonriente de la comedia junto a la máscara de fruncir el ceño de la tragedia utilizadas como símbolos para el teatro o para representar el drama en general. Cuando un actor en la antigua Grecia necesita cambiar a un personaje diferente, simplemente tomaba una máscara diferente y la sostenía delante de su cara. Era tan simple como eso.

> Nos presentamos bajo la mejor luz posible, incluso si no es honesta, exacta o auténtica.

Creo que muchos de nosotros hacemos exactamente lo mismo. Para cada circunstancia social en que nos encontramos, nos presentamos bajo la mejor luz posible, incluso si no es honesta, exacta o auténtica. Calculamos lo que pensamos que alguien quiere que seamos, y luego seleccionamos la máscara adecuada para desempeñar ese papel. Pero es solo una máscara. No es quien eres en realidad, solo lo que estás fingiendo ser.

Puede ser difícil de ver en ti mismo, pero cada uno de nosotros carecemos de integridad en algún momento u otro. Pero parece que siempre podemos justificar nuestros comportamientos, ya sea llamándolos «mentirijillas» o diciéndonos a nosotros mismos que estamos protegiendo los sentimientos de los demás. Pero considera cómo Dios mira nuestras «pequeñas rarezas». Aunque Jesús dio abiertamente la bienvenida a las prostitutas arrepentidas, los adúlteros, y otros pecadores viles en su reino, fue implacable en su condena a los hipócritas. Esto es lo que dice Mateo 23.25-28:

> ¡Ay de vosotros, escribas y fariseos, hipócritas! porque limpiáis lo de fuera del vaso y del plato, pero por dentro estáis llenos de robo y de injusticia.
>
> ¡Fariseo ciego! Limpia primero lo de dentro del vaso y del plato, para que también lo de fuera sea limpio.
>
> ¡Ay de vosotros, escribas y fariseos, hipócritas! porque sois semejantes a sepulcros blanqueados, que por fuera, a la verdad, se muestran hermosos, mas por dentro están llenos de huesos de muertos y de toda inmundicia.
>
> Así también vosotros por fuera, a la verdad, os mostráis justos a los hombres, pero por dentro estáis llenos de hipocresía e iniquidad.

Jesús los presenta como lo que eran. Básicamente dijo: «Farsantes. Hacen de actores. Tienen cero integridad. Ponen su mejor cara, y se ven religiosos. Se ven muy buenos y justos en el exterior. Pero por dentro, su corazón está absolutamente enfangado de pecado».

No marca ninguna diferencia que la gente parezca ser justa. Lo que importa es ser puro en el interior. Ay de ti si te falta integridad, y te llenas de hipocresía. Tenemos que comenzar con lo que está dentro de nosotros, dejando que Cristo nos transforme, y a continuación nuestras acciones seguirán el ejemplo. Por medio de Cristo, hemos de limpiar el interior de la copa antes de pasar al exterior. Sacrificamos nuestros impulsos egoístas y mentirosos, puestos en el altar de la verdad para que nuestro comportamiento refleje la justicia de Dios. La integridad comienza de dentro hacia fuera, no de fuera hacia dentro.

> **La integridad comienza de dentro hacia fuera, no de fuera hacia dentro.**

VALOR NETO

Una vez que se establece la integridad, el asunto se convierte en una cuestión de saturación. ¿Estamos dispuestos a vivir con integridad en cada área de nuestras vidas? O, para considerar la cuestión desde un ángulo diferente: ¿cuánto vale tu integridad?

Por supuesto, sería fácil responder: «Hombre, vale del todo la pena». Pero no te apresures a responder. Tal vez de verdad que piensas así. Pero considera esto también: ¿Qué dice tu vida? ¿Cómo responden tus acciones a esta pregunta?

Por ejemplo, digamos que mientes en una entrevista solo para poder conseguir un trabajo mejor. Eso significa que tu integridad vale lo que el trabajo paga. Acabas de tomar tu integridad y decir: «Estoy dispuesto a cambiar esto por el beneficio que creo que voy a conseguir». Ese es el verdadero valor de tu integridad en esa situación.

Tal vez mentir en una entrevista es demasiado serio para ti. Nunca harías algo tan grave. Puede que el desfalco sea más cosa tuya. Oh, por supuesto, no lo llamaría así. Digamos que te llevas un taco de folios a casa de vez en cuando para utilizar la impresora en casa. Esto significa que tu integridad vale lo que valen los costes del papel: ¿seis dólares? ¿Siete?

Tal vez falsificaste un informe de gastos. Hiciste que un gasto personal pareciera un gasto de empresa. Lo que cueste esa línea del balance, ese es el valor de tu integridad.

Tal vez estás casada y vais un poco apretados con las finanzas, así que cuando compras un vestido, lo ocultas por un tiempo. Una vez escuché a una mujer decir: «A veces compro un vestido y lo escondo durante dos meses. Luego, cuando me lo pongo y me dice mi marido: "¿Es nuevo?", puedo responder con sinceridad: "No, ¡lo tengo desde hace meses!"». Su integridad vale el precio de esa ropa. (Solo para aclararlo: si estás pensando: «¡Qué gran idea!», entonces no has entendido mi discurso).

Tal vez tienes un negocio y a veces le cobras a un cliente más de la cuenta. Lo haces solo un poco, y porque sabes que el cliente se lo puede permitir. O recortas algunos detalles de aquí y allá en lo que ofreces. Tu integridad es parte del «coste de hacer negocios» que estás pidiendo en secreto que pague el cliente por la elección de hacer negocios contigo.

Tal vez —solo con tus amigos— exageras tus historias de vez en cuando, para hacerlas más divertidas, o al menos para llegar a ser el héroe.

Tal vez eres un estudiante y realmente necesitas obtener buenas calificaciones. Quieres entrar en la escuela de medicina o en la escuela de derecho. O tienes que mantener tu promedio de calificaciones, por lo que haces trampas en un examen o en un trabajo para salir del paso.

¿Cuánto vale tu integridad? No estoy preguntando lo que *piensas* de la integridad o incluso cómo te *sientes* acerca de ella.

Lo que estoy preguntando es: ¿qué dice tu *vida* sobre lo que tu integridad vale?

HOYO EN UNO

He sido afortunado al tener a varias personas clave enseñándome el verdadero valor de la integridad personal. Durante mi primer año en la escuela secundaria tuve a un entrenador de tenis llamado Ken Ellinger. Fue uno de mis mejores, pero, lo que es más importante, era un loco de la integridad.

Nuestro equipo viajó una vez a un torneo en otra ciudad. La noche antes del torneo todos nos fuimos a jugar al minigolf. En la mayoría de los lugares a los que he jugado a minigolf, al final del último hoyo, cuando haces caer la bola en el agujero, por lo general pasa por un tubo y llega a una caja cerrada con llave. Además de apilar convenientemente todas las bolas para el personal, esta disposición tiene la ventaja añadida de que los clientes no pueden robar las pelotas de golf al final. Pues bien, en esta ocasión especial, mis amigos y yo decidimos que queríamos quedarnos con nuestras pelotas de golf. Así que en el último hoyo, nos turnamos para cubrir el agujero con el pie mientras otra persona golpeaba. Cada chico colocó su pie, llevó su cuenta, recogió «su» pelota de golf, y se la guardó en el bolsillo.

Más tarde, cuando estábamos de regreso en el hotel, todo el mundo tenía sus pelotas de golf robadas guardadas con sus cosas. Todo el mundo menos yo. Estaba acostado en mi cama, con los pies apoyados en la pared, rebotando mi pelota de golf púrpura contra la pared, cuando el entrenador Ellinger pasó caminando.

Me miró, levantó una ceja y dijo:

—Craig, ¿de dónde sacaste esa pelota de golf?

Contesté de una manera que pensé que era graciosa:

—Esto... entrenador... ¡No lo sé!

Él dijo tranquilamente:

—Estás fuera del equipo.

Me levanté sobresaltado.

—¿Fuera del equipo? ¿Qué? Pero... ¿por qué?

Me miró fijamente a los ojos y dijo:

—Si robas una pelota de golf, puedes robar otras cosas. No tienes integridad. Así que no juegas para mí.

La gravedad de la situación se estrelló contra mí. Rogué:

—¡Por favor, entrenador! ¡No! ¡Por favor! ¡Por favor, no me eche del equipo!

> Si tienes integridad, eso es todo lo que importa. Y si no tienes integridad, eso es todo lo que importa.

La decepción en su rostro era clara. Levantó una mano para hacerme callar. Yo estaba al borde de las lágrimas. Luego suspiró y dijo en voz baja: «Vamos afuera».

Caminamos un poco por la acera. Hizo un gesto para que me sentara. Él permaneció de pie frente mí, mirándome allí abajo. Durante el tiempo que viva, nunca olvidaré ese momento. Las palabras que salieron de su boca tienen su eco en mi mente, incluso hoy día.

Dijo con firmeza:

—Craig, si tienes integridad, eso es todo lo que importa. Y si no tienes integridad, bueno... eso es todo lo que importa.

Se quedó en silencio durante lo que parecieron horas.

—¿De verdad quieres jugar en mi equipo?

Hice lo que pude para mantener el contacto visual. Asentí con la cabeza una vez.

—Entonces esto es lo que vamos a hacer. Vas a devolver la pelota. Vas a mirar al gerente directamente a los ojos. Vas a ponerla en su mano. Vas a decirle que la robaste. Y vas a pedir disculpas. ¿Crees que puedes hacerlo?

Asentí de nuevo, decidido a no dejar que escapara ninguna de las lágrimas que tenía tras los ojos.

Y añadió:

—Bien, tienes que entenderlo. No estás haciendo esto por mí. Lo estás haciendo por ti. Vivir una vida de integridad no es fácil. Se necesita una persona poderosa. Se requiere valor. Y yo quiero que vivas esa vida.

Hice exactamente lo que el entrenador Ellinger dijo. Devolví la pelota y me disculpé ante un gerente muy sorprendido. Pienso en ese mensaje simple pero profundo de mi entrenador casi todos los días.

Si tienes integridad, eso es todo lo que importa.

Si no tienes integridad, eso es todo lo que importa.

ES UNA RAQUETA

Pocos años después tuve la oportunidad de jugar al tenis en la universidad en un equipo de nivel nacional asociado a la NAIA. Durante los veranos di clases de tenis a los niños para hacer un poco de dinero extra. Todos los niños a los que enseñaba eran principiantes, y al final de cada clase, jugábamos. Para hacerlo más divertido, lancé este desafío: «Si alguno de ustedes me puede ganar, le daré mi raqueta de tenis».

Aunque mi raqueta era muy cara y buena, ellos por supuesto eran nuevos en el tenis, por lo que ninguno tuvo una oportunidad. Pero, de nuevo, para hacerlo divertido, dejaba que nuestros juegos se acercaran antes de acabar venciéndolos. Jugábamos a diez puntos. Les mantenía a mi ritmo casi hasta los siete u ocho puntos, y entonces los remataba. Se añadía un montón de drama, y todo el mundo siempre parecía pasar un muy buen rato.

Una tarde, cuando estábamos jugando, dejé que un niño llegara a 8-8, como de costumbre. Tenía la intención de ganarle en los próximos dos puntos. Pero al siguiente saque golpeó, apenas pasó por encima de la red y cayó en mi lado. Fue un tiro ridículamente suertudo, casi desconocido en su nivel. Él saltaba arriba y abajo, todo entusiasmado, gritando: «¡9-8! ¡9-8! Estoy ganando!».

Me reí y le dije que era un tiro muy bueno. Entonces solté un rollo. «Por supuesto, ahora tengo que poner distancia. Espero que tu mamá esté en casa. Vas a ponerte a llorar cuando haya terminado contigo».

En el punto siguiente, hizo exactamente lo mismo. ¡Otra vez! ¡La pelota pegó en la red, pasó un poco más sobre la parte superior, ¡y cayó en mi lado! Él alzó los brazos y comenzó a correr alrededor, gritando: «¡10-8! ¡Gané! ¡10-8! Tienes que darme tu raqueta!».

Todos los otros niños estaban de pie, vitoreándole mientras bailaban a su alrededor como si acabara de ganar en Wimbledon. Mientras tanto, yo estaba pensando en cosas muy poco santas. «¡Argghhh! ¡Ese mocoso con suerte! ¡Mi mejor raqueta! ¿Qué voy a hacer?».

Mi mente corrió hacia una solución. «Oh, te voy a dar mi raqueta, vale. Puedo darte la antigua, la barata raqueta de madera con polvo que hay en mi garaje. O tal vez te dé mi raqueta de recambio, la que parece que sobrevivió a un tornado».

Pero otra voz me estaba persiguiendo. «Craig, cuando se tiene integridad, eso es todo lo que importa».

En mi cabeza yo estaba gritando: «¡Cállate! ¡Esta es mi raqueta, mi vida! Además, solo estaba bromeando».

Tragué saliva, me acerqué al joven, extendí mi raqueta, y dije tan seriamente como pude, con dientes apretados: «Aquí está la raqueta. Yo... espero que te guste».

Pensé que esta historia había terminado hasta hace unos años. Había predicado un mensaje en nuestra iglesia, y cuando el servicio terminó, fui en la parte delantera, a saludar a la gente. Un joven se acercó a hablar conmigo. Me resultaba vagamente familiar, pero no podía ubicarlo. Me estrechó la mano y le di las gracias por haber venido.

Empezó a hablar muy rápido y atropellado:

—Amigo, fue como si me estuviera hablando directamente a mí esta mañana. He seguido esa oración por la que nos has guiado. ¡Le di mi vida a Cristo! Ya puedo decir que siento algo diferente en mi interior.

Antes de que pudiera responder, él sonrió y dijo:

—No se acuerda de mí, ¿verdad?

Le dije:

—Bueno, me resultas familiar, pero lo siento, no.

—Hace muchos, muchos años me dio lecciones de tenis, un verano...

No esperé a que terminara.

—¡Tienes mi raqueta!

Él se echó a reír.

—¡No, no! Ese no era yo. No tengo su raqueta. Pero estaba allí cuando sucedió. Verá, ninguno de nosotros pensó que realmente le daría su mejor raqueta a aquel niño. ¡No lo podíamos creer cuando lo hizo! De todos modos, cuando vine aquí hoy y le reconocí me acordé de lo que hizo hace tantos años. Entonces no pude dejar de pensar que si era una persona de palabra entonces, era probable que fuera una persona de palabra hoy. Así que realmente confié en todo lo que dijo acerca de Jesús. Y es por eso que elegí entregarle mi vida.

SIN RODEOS

De manera que cuando te das cuenta de que no eres una persona de integridad, ¿qué haces? Sucede todo el tiempo, a nuestro alrededor. Un hombre va a dirigir un estudio bíblico en su casa, pero en su «otra» vida, grita a su mujer y hace caso omiso de sus hijos. Una mujer casada es una guerrera de oración que sirve en la misión de la ciudad dos veces a la semana, incluso cuando coquetea con un chico de su oficina. El dueño de un gran negocio, un ciudadano modelo, engaña a sus clientes en cada trato que hace. Una persona le dice a todo el mundo que conoce cómo seguir a Jesús, dejando convenientemente de lado la parte en la que es un mentiroso habitual. ¿Cómo se pueden romper viejos hábitos y cambiar de dirección?

Para llegar a ser una verdadera persona de integridad, lo primero que tienes que hacer es llegar a conocer a Jesús. No me refiero a aprender de él desde la distancia, leyendo historias buenas sobre él. Desde luego que eso puede ser una parte, pero es solo el principio. Tienes que llegar a conocerlo personalmente. La verdad es que no puedes vivir una vida de integridad por tu cuenta. Estás doblegado hacia el pecado. La única manera de hacerlo es llegar a conocerlo personalmente y luego permitir que el Cristo que mora en nosotros, a través de la presencia y el poder de su Espíritu Santo, te lleve a hacer lo que es correcto. Llegar a conocerlo realmente, y permitirle que viva a través de ti.

Después, necesitas arreglar las cosas. Si hay personas a la que has dado una mala impresión, tienes que ir a ellas, arrepentirte y pedir perdón. Tienes que ir a cada persona y admitir: «Lo siento. Durante los últimos (más bien muchos) años, no te he sido honesto. He estado viviendo una vida de hipocresía. ¿Me perdonas». Si ellos realmente te perdonan, necesitas entender esto: que te perdonen no significa que automáticamente se fíen de nuevo. Vas a tener que reconstruir (o tal vez construir por primera vez) una nueva vida de verdadera integridad.

Por último, lo más difícil de hacer en realidad es lo más simple. Seguir la dirección de Jesús en Mateo 5.37, donde dice: «Pero sea vuestro hablar: Sí, sí; no, no; porque lo que es más de esto, de mal procede». Te conviertes en un «sin rodeos».

Te conviertes en una persona de palabra a medida que permites que Cristo viva a través de ti. No te limites a tratar de alinear tu comportamiento con tus creencias. Aprende lo que le importa a Dios. Descubre sus creencias. Y luego hazlas tuyas.

Cuando te alinees de esta manera, podrás empezar a caminar cerca de Dios, y descubrirás que llevas una guía incorporada. Encontrarás una paz duradera. Comenzarás a recibir el honor, la confianza y el respeto de la gente que hay a tu alrededor, y disfrutarás de una influencia que nunca has tenido antes. Ahí es por donde tenemos que empezar.

Deshazte de las máscaras. Se el verdadero tú. Permite que el Espíritu Santo de Dios te transforme. La integridad importa de verdad.

vivir
con honra

Mi honra es mi vida; ambas crecen a una;
Arrebatadme la honra, y mi vida se acabará.

—William Shakespeare

Yo viajo mucho por el ministerio, de vez en cuando a otros países. Cada vez que tengo un viaje al extranjero, siempre consulto a un amigo mío que ha visitado más de cien países diferentes. Él es mi guía de consejos culturales prácticos y me da un curso intensivo sobre la diplomacia y las tradiciones locales de las que voy a tener que estar al tanto en los lugares a los que voy. Aprendí muy pronto que cada cultura tiene sus propias ideas, tanto acerca de las formas apropiadas de mostrar honra como sobre las cosas que puedes hacer para deshonrar a la gente.

Por ejemplo, cuando mi esposa Amy y yo volamos a Corea, mi amigo ofreció una serie de sencillas sugerencias. Dijo: «Cuando se conoce a alguien por primera vez, es apropiado inclinarse, pero solo un poco. No hagas un arco grande y pronunciado; tan solo inclínate de modo que tu cabeza quede ligeramente por debajo de la cabeza de la otra persona. Esto transmite respeto. Y cuando os deis la mano, utiliza la otra mano para agarrar el codo o el antebrazo mientras la agitas. Este gesto se considera muy educado, es una manera muy fácil de demostrar honra».

También es honroso en Corea llevar regalos. No tiene que ser algo caro. (Y de hecho, en la mayoría de los casos, es preferible algo sencillo.) Y cuando presentas tu ofrenda, la extiendes con las dos manos, y la persona que la recibe la acepta con ambas manos. En Corea, como en la mayoría de lugares en el mundo, tienes que tener cuidado de no mostrar las suelas de tus zapatos. Por ejemplo, nunca debes levantar tus pies para descansar sobre un escritorio o una mesa, como a veces hacemos en Estados Unidos. (De donde yo vengo, cuando haces esto, ¡significa que estás relajado y a gusto con la persona con la que estás!) Casi en todas las partes del planeta, sería extremadamente grosero.

Un día se me ocurrió preguntarle a mi amigo: «Si yo viniera de otro país, visitando EE. UU. por primera vez, ¿qué me dirías que hay que hacer para mostrar honra a las personas de allí?». Riéndose, dijo: «No tendría que decirte nada. Ese tipo de cosas no importan a nadie aquí».

Por supuesto, no es más que la opinión de un tipo. Pero hay que admitir que, en su mayor parte, nuestra cultura simplemente no valora las expresiones de honra del modo que lo hacen otras culturas. Esto parece ser especialmente cierto para las nuevas generaciones. He escuchado a muchas personas mayores quejándose: «Los jóvenes no respetan nuestro país. Faltan el respeto a nuestro gobierno. Rara vez muestran respeto por sus mayores». Si bien esto puede encajar en la visión estereotípica de la generación más mayor, tienen su razón. Pero estoy convencido de que todos tenemos un margen de mejora cuando se trata de vivir con honra.

HÉROE LOCAL

¿Por qué la honra es tan importante? Si nos fijamos en las Escrituras, descubrimos que nuestra capacidad para honrar a los demás no refleja únicamente cómo los vemos, sino cómo nos vemos a nosotros mismos... y a Dios. Si nos detenemos en la experiencia de Jesús, nos damos cuenta de que a menudo los que deben dar la máxima honra dan lo mínimo. Piensa en lo que sucedió cuando regresó a su ciudad después de iniciar su ministerio.

Jesús acababa de regresar a su ciudad natal, Nazaret. (Aunque Jesús nació en Belén, creció en Nazaret.) Básicamente, había estado en lo que yo llamaría un tour regional, viajando, enseñando la Palabra de Dios y haciendo milagros. Jesús convirtió el agua en vino, resucitó a los muertos, abrió los ojos de los ciegos, sanó los oídos de los sordos y multiplicó panes y peces para alimentar a miles de personas. Incluso sanó a la suegra de Pedro. (Muchos estudiosos creen que esto es por lo que Pedro negó a Cristo más tarde. O tal vez estoy recordando mal esa parte.) Jesús regresó a Nazaret de la mano de todos estos milagros, pero una vez allí chocó contra un muro. Descubrimos que no *podía* hacer estas cosas por la gente de su propia ciudad porque no tenían fe y se negaron a darle la honra que merecía.

> Nuestra capacidad para honrar a los demás no refleja únicamente cómo los vemos, sino cómo nos vemos a nosotros mismos... y a Dios.

Marcos 6.1–2 dice: «Salió Jesús de allí y vino a su tierra, y le seguían sus discípulos. Y llegado el día de reposo, comenzó a enseñar en la sinagoga; y muchos, oyéndole, se admiraban, y decían: ¿De dónde tiene éste estas cosas? ¿Y qué sabiduría es esta que le es dada, y estos milagros que por sus manos son hechos?». En otras palabras: «¡Vaya! ¡Este tipo es increíble! Su enseñanza es de gran alcance. Sus milagros son increíbles. ¿Cómo es capaz de hacer todas estas cosas?».

Marcos 6.3 continúa: «¿No es éste el carpintero, hijo de María, hermano de Jacobo, de José, de Judas y de Simón? ¿No están también aquí con nosotros sus hermanas? Y se escandalizaban de él».

Así que en esencia decían: «¿No es este el tipo normal con el que crecimos? ¿Ese mismo Jesús de la escuela que siempre era tan quisquilloso? La mascota del profesor. Siempre tenía una puntuación perfecta en cada examen. Oye, ¿no es este el carpintero que hizo la mesa para la cocina de tu mamá?».

Jesús explicó la situación de esta manera: «No hay profeta sin honra sino en su propia tierra, y entre sus parientes, y en su casa» (Mr 6.4). La palabra griega que se traduce como «sin honra» en este pasaje es *atimos*, que significa «deshonrar; tratar como común o como corriente».

¿Te gustaría saber cómo se puede tener una relación normal y corriente? Deshonra a la otra persona. Solo tienes que tratarla como común o normal y corriente. Toma cualquier relación de noviazgo. Cuando las parejas se unen en un principio, estar enamorados resulta muy fácil. Todos los días brilla el sol. Incluso cuando llueve, todo lo que vemos es el arco iris. ¿Sabes por qué? Porque te des cuenta o no, estás continuamente mostrando honra al otro. Él abre las puertas para ella. Ella les habla a sus amigas acerca de todas sus grandes cualidades. Él trae regalos y flores. Ella le hornea galletas y le encanta escuchar todo lo que tiene que ver con su día, todos los días... ¡incluso los detalles aburridos!

Se demuestran honra el uno al otro, una y otra vez. Pero, ¿por qué no durará? Las parejas se casan y comienzan a darse el uno al otro por sentado. En lugar de seguir mostrando honra, se empieza a tratar al otro como alguien normal. Lo que la honra hizo grande, ahora la deshonra lo convierte en común. Probablemente no haga falta decir que lo contrario de la deshonra es la honra. En griego esta palabra es *time*. *Time* significa literalmente «valorar, respetar, o estimar en grado sumo». Por lo general se asocia con una forma de asignar valor. Esto significa tratar algo (o a alguien) como precioso, importante, o valioso.

Por ejemplo, tengo una pelota de baloncesto que se mire por donde se mire parece común, de andar por casa todos los días. Y, sin embargo, es tan valiosa para mí que no podría ponerle precio. La estrella de la NBA Kevin Durant escribió mi nombre con una breve nota y, a continuación, firmó su nombre en la pelota. Este gesto hizo que mi pelota, de otra manera normal y corriente, fuera extraordinaria (al menos para mí). Una vez que puso su nombre en ella, a partir de ese momento, y no por los materiales de que estaba hecha, quedó definido su valor. Nunca la trataría como una cosa común.

Mi familia tiene dos pelotas de baloncesto normales que usamos para tirar al aro en nuestra casa. Están en una caja en el garaje. A veces se quedan fuera. Nuestro perro juega con ellas. No nos importa porque son comunes. Pero debido a que la firma de este otro balón sí lo ha transformado en algo maravilloso, único, valioso, lo guardo en una caja especial. Está en mi oficina, en lo alto de una estantería, a salvo, en un lugar de honra y estima.

Eso es lo que honra hace. Estima y eleva. Deshonrar devalúa y derrama lágrimas. Honrar a una persona es creer lo mejor de ellos y dejar que ellos lo sepan. Deshonrar a la gente es creer lo peor y hacer que los demás lo sepan. La honra eleva. La deshonra derriba.

SIN HONRA

Te voy a dar otro ejemplo. Hace años, Amy y yo trabajábamos con una pareja. Su matrimonio pendía de un hilo. Cuando nos reuníamos con ellos, una y otra vez, la mujer deshonraba continuamente a su marido. Decía cosas malas sobre él. Se burlaba de él, señalando el menor detalle que sentía que estaba mal.

Durante una visita, yo estaba planificando cómo podía abordarla con tacto, tratando de recordar lo que mi *Manual del pastor perfecto* indicaba al respecto (ese gran libro que consigues cuando te conviertes en pastor, con todas las respuestas en el interior). Pero antes de que pudiera decir nada, Amy fue directa a la yugular de la mujer: «¿Sabes cuál creo que es la primera razón por la que tu matrimonio está en tan mal estado? Se debe a que deshonras constantemente a tu marido».

Dejé que Amy lo llevara con suavidad.

La mujer se puso a la defensiva. «Bueno, si mi marido fuera una décima parte de hombre que es tu marido, ¡tal vez me gustaría comenzar a mostrar honra!».

Amy replicó: «O tal vez mi marido es quien es hoy *porque* le he estado honrando durante todos estos años! ¡Y quizá tu marido *no es así* porque no se lo muestras!»

La honra eleva, promueve y construye.

Puede que pienses: «No voy a honrar a una persona que no se lo merece. No son honorables». Pero la muestra de honra no funciona así. Eso es confundir la honra con el respeto. El respeto se gana. La honra se da. Es una distinción crucial. Debes honrar a alguien por la posición en la que Dios lo ha puesto en tu vida. Debemos mostrar honra libremente.

Mi experiencia dice que la gente tiende a vivir —para bien y para mal— de acuerdo con nuestras expectativas sobre ellos.

Cuando decides tratar a la gente con honra antes de que vivan honradamente, a menudo la misma honra que les has dado les elevará hasta el punto de que realmente empiecen a vivir honradamente.

Vamos a terminar nuestra historia sobre la experiencia de Jesús y veremos lo que un espíritu de deshonra hace al Hijo de Dios: «Y *no pudo* hacer allí ningún milagro, salvo que sanó a unos pocos enfermos, poniendo sobre ellos las manos. Y estaba asombrado de la incredulidad de ellos» (Mr 6.5–6, el énfasis es mío).

No dice que *no lo hiciera*. Dice que *no pudiera*. Bueno, soy el primero en admitir que no acabo de entenderlo. Pero de acuerdo a este versículo, donde había una falta de fe, donde había una falta de honra, Jesús no podía hacer las mismas cosas que había hecho ya en otros lugares, lugares donde la gente creyó en él y le dio la honra debida.

> Mi experiencia dice que la gente tiende a vivir —para bien y para mal— de acuerdo con nuestras expectativas sobre ellos.

Creo que la nuestra es una cultura que, en su mayor parte, carece de honra. Y Jesús está sorprendido por nuestra incredulidad.

CÓDIGO DE HONOR

La Biblia dice que hay varios grupos diferentes a los que debemos honrar. Me voy a centrar solo en los tres que creo que son más importantes para que puedas llegar a ser todo lo que Dios quiere que seas.

En primer lugar, se supone que debemos honrar a nuestros padres. La Biblia es muy clara en este caso. Es muy importante,

Dios en realidad lo incluyó en su *top ten* en Éxodo 20-12: «Honra a tu padre ya tu madre, para que tus días se alarguen en la tierra que Jehová tu Dios te da».

Muy a menudo ocurre lo contrario. No puedo decirte cuántas veces he visto a jóvenes (e incluso niños) hablarles irrespetuosamente a sus padres. Parece que algunos niños incluso sobresalen en su manera de deshonrar a sus padres, insultándoles en Internet o directamente a la cara. Y nuestra cultura parece celebrar este comportamiento, muchas veces lo toma como comedia.

Tal vez estoy pasado de moda, pero en mi casa, cuando le pedimos a un niño que haga algo, hay una única respuesta aceptable: «¡Sí, señor!» si es a mí, y «¡Sí, señora!», cuando es a mi esposa (información completa: hubo un tiempo en que mi hija menor, Joy, todavía estaba perfeccionando el sistema, y yo respondía con gusto a un «¡Sí, señora!» suyo).

Este versículo no se aplica solo a los niños. Dios no da un límite de edad para honrar a nuestros padres. No solo lo hacemos cuando somos niños pequeños. Seguimos haciéndolo cuando tenemos veinte, treinta, cuarenta, o cincuenta años. Si tienes hijos, una buena manera de demostrar honra a tus padres es hablar bien de ellos frente a sus nietos. Tal vez tus padres no viven vidas honorables. Tal vez tu padre se fue con otra mujer. Tal vez tu madre luchó con el abuso de sustancias. Sean cuales sean tus circunstancias, realmente no importa. Es el respeto lo que la gente tiene que ganar, la honra es un regalo que damos libremente. (De todas maneras, si no fuera por ellos, ni siquiera estarías vivo ahora.) Encuentra formas de rendirles homenaje, no porque lo merezcan, sino porque es lo correcto.

El siguiente grupo que la Biblia menciona para mostrar honra incluye a los que tienen autoridad sobre nosotros. Romanos

13.1–7 explica que Dios, en su soberanía, ha colocado a personas en posiciones de liderazgo. En este contexto, el versículo 7 dice: «Pagad a todos lo que debéis: al que tributo, tributo; al que impuesto, impuesto; al que respeto, respeto; al que honra, honra». (Observa que este versículo marca de nuevo una distinción entre el respeto y la honra).

El año pasado fui invitado a hablar en un evento de liderazgo que se extendía durante varios días. Yo hablé el jueves. Para el viernes estaban anunciados el expresidente George W. Bush y su esposa, Laura. Ese viernes por la tarde, mientras esperábamos a que llegaran el presidente y la primera dama, intercambié impresiones con el caballero sentado junto a mí. Me enteré de que no era un fan del presidente Bush... en absoluto. Me dijo: «Yo no voté por él. Nunca me cayó bien. No estaba de acuerdo con sus políticas». Pero eso solo fue el calentamiento. Este tipo seguía y seguía, especificando las cosas con las que él no estaba de acuerdo y por qué.

De pronto se abrió una puerta y entró un soldado, portando la bandera de Estados Unidos de América. Empezó a sonar «Hail to the Chief» y todos se pusieron en pie, vitoreando y aplaudiendo. El presidente entró, sosteniendo la mano de la primera dama. Miré de reojo a este hombre de pie junto a mí, al que no podía soportar al presidente, y las lágrimas corrían por su rostro. Estaba aplaudiendo y sonriendo ampliamente.

En ese momento, mi vecino ya no era un demócrata o un republicano. No era un fan del presidente Clinton o del presidente Obama, y tampoco era un crítico del presidente Bush. Era un simple ciudadano de Estados Unidos, ofreciendo su honra libremente, si no al hombre, al menos a la administración. La sensación en la sala era electrizante. Todos allí mostraron honra.

MENCIÓN HONROSA

Se supone que debemos mostrar honra no únicamente a los poderosos en el gobierno, sino a todos los que tienen autoridad sobre nosotros. Si practicas algún deporte, muestra honra a tu entrenador. Si eres un estudiante, honra a tus maestros. Si tienes un mentor, muéstrale tu honra.

Honra a tu jefe. Incluso si en el fondo crees que eres más inteligente que tu jefe, aun así tienes que demostrar que honras a esa persona. Tal vez te gustaría ser el jefe algún día. Antes de aprender a estar por encima, tienes que aprender a estar por debajo. Practica estar por debajo mostrándole honra a las personas que Dios ha puesto sobre ti.

Si eres una mujer casada pero no te gusta tu marido particularmente —tal vez él no sea el líder que quieres que sea—, hónrale. Si le tratas como a alguien un normal y corriente, no se sentirá capaz de guiar a su familia. Pero si le honras, le darás la oportunidad de estar a la altura, de convertirse en honorable. Trátalo como si fuera el hombre que quieres que sea, con gracia y honra, ayúdale a imaginarse a sí mismo como un hombre mejor.

El tercer grupo que Dios nos llama a honrar es el de los pastores y líderes de iglesias. La Biblia nos dice que hemos de mostrar honra a aquellos que están espiritualmente instruyendo y discipulándonos: «Los ancianos que gobiernan bien, sean tenidos por dignos de doble honor, mayormente los que trabajan en predicar y enseñar» (1 Ti 5.17).

Esto suena más fácil de creer que de hacer. Hace años yo estaba asesorando a una iglesia que estaba luchando con algunos problemas graves. Desde hacía unos ocho años había estado en constante disminución. Durante una de nuestras consultas, me reuní con el pastor principal, junto con sus ancianos, para tratar de averiguar lo que estaba pasando. Durante esta reunión, cada vez que el pastor hablaba, los ancianos le deshonraban. Constantemente le interrumpían y le callaban. Se burlaban de él. El trataba de lanzar una idea, y uno de ellos se mofaba y decía algo así como: «¡Ya hemos intentado eso! ¡No funciona!». Esto continuó durante toda la reunión. Después de que todos hubiesen tenido la oportunidad de compartir sus puntos de vista acerca de lo que pasaba, se volvieron hacia mí. «Así que, pastor Craig, ¿qué recomienda?».

Imagino que pensaban que yo iba a decir algo así como: «Es necesario empezar con un culto más moderno»; o «Hay que reestructurar»; o «Necesitan un lugar mejor».

La respuesta era mucho más simple.

Les dije:

—Estoy bastante seguro de conocer el problema. La razón por la que Dios no ha bendecido su trabajo aquí es que ustedes no están honrando a la persona a la que Dios ha llamado para liderarles—. Les recordé 1 Timoteo 5.17.

En un primer momento, argumentaron:

—¡No, no, eso es ridículo!

Esta vez fui yo quien interrumpió:

—No. Les repito algunas de las cosas que dijeron durante la última hora.

Entonces resalté los casos específicos en los que habían mostrado deshonra a su líder. Tranquilamente relaté cómo él sugería algo, y uno de ellos le contradecía. Les di ejemplos de cuándo lo interrumpían o simplemente hablaban más fuerte para tapar lo que él estaba diciendo. Les expliqué:

—Cuando desacreditan a su pastor, están devaluando al administrador que Dios ha puesto. Ustedes están diciendo claramente que no creen en él. Le están quitando el poder que necesita para dirigirles con eficacia.

La verdad los golpeó a todos a la vez. La habitación estuvo muy tranquila durante varios minutos, mientras intercambiaban miradas entre sí y fijaban la vista sobre la mesa. Uno de ellos levantó la cabeza para encontrarse con mi mirada y dijo en voz baja:

—Tienes toda la razón. No sé cómo no pude verlo antes.

Y uno por uno, cada hombre se turnó para disculparse con su pastor. Ellos se arrepintieron de no hablar bien de él y de no apoyarlo. Se comprometieron a una nueva etapa bajo su dirección, y acordaron apoyarse mutuamente.

Durante los siguientes cuatro años desde que honraron la posición de autoridad que Dios había puesto sobre ellos, llegó la renovación espiritual a ese lugar, y la iglesia se duplicó en tamaño en virtud de un pastor más seguro y guiado por el Espíritu. Honrar a quien se debe tiene un poder tremendo.

Te garantizo que al mostrar honra a los que te guían espiritualmente, te aseguro que ellos tomarán muy en serio el papel que Dios les ha asignado.

CUADRO DE HONOR

Dado que la mayoría de nosotros hemos sido criados en la cultura de la deshonra, ¿cómo podemos crecer en honor? Romanos 12.10 dice así: «Amaos los unos a los otros con amor fraternal; en cuanto a honra, prefiriéndoos los unos a los otros».

Es realmente así de simple. Llevar este versículo en el corazón, y no solo mostrar honor a otras personas, sino tratar de *superarse* unos a otros al mostrar honor. ¿Qué significa eso? Significa que sobresalgas en tu manera de demostrar honra hacia ellos. Ya sea que se lo merezcan o no (y honestamente, muchos no lo merecerán), ofrécela libremente. Trata a la honra como el recurso más renovable del planeta.

Si tienes personas que cuidan de tus hijos durante la semana mientras trabajas, muéstrales tu honra. Recuerda sus nombres. Recuerda sus cumpleaños. Llévales tarjetas de regalo y notas de agradecimiento. Cuando una persona te sirve, ya sea en una empresa o en un restaurante, suma un punto de cortesía con ella. Dile que aprecias lo que hace. Ofrece algo de aliento y una sonrisa. Da propina generosamente. Pregúntale si hay algo en lo que puedas orar por ellos. Si te dicen algo sobre lo que orar, entonces ora por ellos.

En tu iglesia, sé cercano con las personas que te atienden. Dales las gracias. Muéstrales honra. Escribe una nota a aquellos que enseñan a tus hijos. Trae un regalo al líder de tu pequeño grupo. Envía un correo electrónico al pastor de adoración para darle las gracias por ayudarte a crecer más cerca de Dios por medio de la adoración.

> Tratar de *superarse* unos a otros al mostrar honor.

Supérense unos a otros al mostrar honor.

Antes he dicho cómo podrías tener una relación normal y corriente. Déjame decirte cómo se puede construir una grande. Y esto se aplica a todas las relaciones, ya sean de cónyuge a cónyuge, de hijo a padre, de amigo a amigo, lo que sea. Acércate. Escucha atentamente. *Supéralos.* Elévalos. Anímalos. Que se sientan muy estimados. Diles que los valoras, y luego demuéstralo con tus acciones. Podrás quedar sorprendido al verlos crecer sobre lo que les dijiste con fe.

Aunque yo no te conozco personalmente, yo te honro por leer este libro. No porque hayas pagado un buen dinero por leer algo que yo escribí, ni porque estés inflando mi ego diciendo a todo el mundo lo bueno que es este libro en tu página de Facebook. No, en serio, yo te honro porque si estás leyendo este libro y has llegado hasta aquí, entonces estás tomándote en serio lo de querer ser más como Cristo. Te tomas en serio el deseo de superar tu naturaleza egoísta, tus motivaciones impulsadas por el ego y reemplazarlas por motivaciones divinas, que sacrifican el ego. Te felicito.

EL AUTÓGRAFO DE DIOS

Estoy convencido de que la razón por la cual nuestra cultura es conocida en todo el mundo como lugar de deshonra es que nosotros, como cultura, hemos deshonrado a Dios. Todo honor verdadero nace de un corazón entregado al Rey de Reyes. Salmos 22.23 dice: «Los que teméis a Jehová, alabadle; glorificadle, descendencia toda de Jacob, y temedle vosotros, descendencia toda de Israel».

Nuestra cultura tiende a tratar a Dios como algo común. Estamos muy familiarizados con él. Nos referimos a él como «el hombre de arriba» o «el Gran Jefe», o decimos cosas como: «Jesús es mi colega». Jesús *no* es tu amigo del parque. Él es el juez, el Rey de Reyes y Señor de Señores, el que habrá de venir. Él es el Alfa y la Omega. Cuando regrese, será con una espada. Él es el Justo, quien derramó su sangre para que pudiéramos vivir.

Tenemos que dejar de tratar a Dios a alguien normal y corriente. Cuando seamos capaces de verlo como es, honraremos a los demás no porque queramos ser buenas personas, sino porque su nombre está en nuestros corazones. Ya no somos normales y corrientes, ya que tener su nombre en nosotros es lo que nos hace valiosos. Tenemos el autógrafo de Dios escrito en nuestros corazones, como un gran pintor que ha firmado su obra maestra.

O considera el valor de su firma de otra manera. Babe Ruth, al día de hoy, está considerado uno de los grandes bateadores de béisbol —si no el *más* grande— de todos los tiempos. Durante su carrera, el Gran Bambino firmó muchas pelotas de béisbol, pero puso su nombre en solo siete de los bates que había usado. Puesto que autografió tan pocos, cada uno de estos bates es excepcionalmente valioso. El primero de los bates desapareció, perdido durante décadas. Cuando volvió a emerger en 2006 se descubrió su historia.

El bate, que se utilizó para completar un *home run* en el estadio de los Yankees contra los Red Sox de Boston el 18 de abril de 1923, fue entregado por el agente de Ruth como premio en un concurso de *home runs.* No hubo nadie en la competición que consiguiera la dirección del ganador, así que cuando el ganador se fue con su bate, desapareció del mapa.

En 1988, este hombre estaba enfermo en su lecho de muerte, perdiendo la batalla contra una enfermedad prolongada. Había sobrevivido a todos los miembros de su familia, y su mejor amiga era una fiel enfermera que le había servido por muchos años durante su enfermedad. Antes de morir, el hombre se presentó a su enfermera con su preciado bate autografiado. A pesar de que este gesto tenía un gran valor sentimental, ella no tenía ni idea de lo que era en realidad. Durante los siguientes dieciocho años, lo guardó debajo de su cama.

Después de retirarse de la enfermería, esperaba abrir un restaurante, pero no tenía dinero. Un día pensó en aquel bate y se preguntó si valdría algo. Lo llevó a una tienda de artículos deportivos de colección para que lo valoraran. Cuando el dueño sospechó que podría ser el bate perdido de Babe Ruth, trajo a varios expertos. Después de escuchar su historia y probar cuidadosamente su condición y procedencia, se determinó que era verdadero.

En 2006, el bate se subastó a través de Sotheby's por casi 1,3 millones de dólares.

La mujer guardó la cantidad de dinero que necesitaba para iniciar su restaurante, y luego donó el resto para comenzar una fundación que serviría a los niños a los que Babe Ruth quiso ayudar al final de su vida.

Cuando un periodista le preguntó por qué donó gran parte de su dinero, ella respondió: «El bate era valioso porque el nombre de Babe Ruth estaba en él. Puesto que él lo hizo valioso, lo único razonable que podía hacer era algo que honrara su vida».

Si eres cristiano, lo que te hace valioso es el nombre de Jesús escrito en tu corazón. A causa de lo que hizo por nosotros en la cruz, nuestra única respuesta razonable es hacer con nuestras vidas algo que le honre. Lamentablemente, la Biblia describe una verdad que es mucho más común: «Dice, pues, el Señor: Porque este pueblo se acerca a mí con su boca, y con sus labios me honra, pero su corazón está lejos de mí» (Is 29.13).

Eso no va a suceder con nosotros ni contigo. No seremos una generación que da servicio a Dios de labios solamente. En cambio, vamos a demostrarle honor de corazón. Es a causa de lo que hizo que somos lo que somos. Debemos valorar a los demás y honrarles, y debemos ayudarles a ver que eran lo suficientemente valiosos como para que Jesús diera su vida por ellos. Vivir con honra nos recuerda lo que realmente somos, quién es Dios, y lo mucho que ama a los que nos rodean. Cuando ponemos nuestros egos sobre el altar de la honra, nos damos cuenta del valor que Dios pone en la vida de todos y cada uno, incluida la nuestra.

vivir
con gratitud

Sentir gratitud y no expresarla es como
envolver un regalo y no entregarlo.

—William Arthur Ward

Estábamos a tres semanas de Navidad, y yo era una de las miles de personas que se enfrentaba a las multitudes en busca del regalo perfecto para una persona que ya lo tiene todo. Mientras trataba de navegar educadamente por el mar de los compradores de la tienda de electrónica, todo el mundo se quedó quieto cuando escuchamos a una joven gritando tanto como le daban sus pulmones.

¿Estaba herida? ¿Perdida? ¿La estaban secuestrando?

Instintivamente, dejé caer el videojuego que había elegido para uno de mis hijos y me lancé a través de dos pasillos en dirección a los gritos para ver si podía ayudar. Evidentemente, la mayoría de la gente tuvo la misma idea, porque de pronto se formó una multitud alrededor de la escena.

La niña, de unos ocho o nueve años de edad, vestía unos

pantalones cortos de color rosa oscuro hasta la rodilla con una camiseta de color rosa claro haciendo juego, con las palabras «Soy linda, ¡mímame!» escritas en la parte delantera. En otras circunstancias, yo hubiera dicho que el «Soy linda» escrito en su camiseta hubiera sido verdad. Le faltaba un diente, y su pelo rubio y rizado iba recogido en una cola de caballo.

«¡Quiero el nuevo y lo quiero ahora!», gritó y lloró, todo al mismo tiempo mientras pateaba el suelo con sus zapatos Crocs de color rosa, agitando los brazos frenéticamente.

La pequeña multitud congregada alrededor se había quedado en shock.

La muchacha seguía retorciéndose violentamente, revolcándose y luchando aparentemente por su vida. Pero solo estaba luchando por un nuevo juguete, luchando con su madre, una mujer bastante normal, que estaba claramente avergonzada. La muchacha parecía como si estuviera haciendo una prueba para el papel de heredera mimada en una nueva película sobre Willy Wonka, o tal vez para ser más exactos, de niña poseída en una nueva versión de *El exorcista*. Así de malo era. Decir que estaba lanzando un desafío es el eufemismo del siglo.

—¡Te odiaré para siempre si no me consigues el nuevo! —chilló, arrojando un grito espeluznante hacia su indefensa madre.

Se presentó el de seguridad, y la madre, avergonzada sin medida, abandonó y se rindió.

—Está bien, está bien, está bien —dijo ella, obviamente, perdiendo una batalla que había perdido antes—. Te lo compro si te calmas. Por favor... ahora... cálmate...

Al instante, el estado de ánimo de la niña cambió. Como una actriz que acababa de terminar su escena, la chica se levantó, se arregló la ropa y se quedó sin aliento. Luego dijo con mucha calma:

—Bueno, vale, eso me gusta más. Y quiero el rojo.

A día de hoy no estoy seguro de qué cosa nueva quería la chica. Era evidente que tenía por lo menos una de las versiones más antiguas, pero también que ya no le valía. Afortunadamente, no verás una escena como esta todos los días al ir de compras. Sin embargo, es probable que hayas visto algo tristemente similar. El chico de la fila de la tienda de comestibles que exige un paquete de chicles, una barra de chocolate Snickers, o un juguete Buzz Lightyear. O los gemelos que patean, gritan y pelean cuando se niegan a abandonar el parque temático. O el adolescente que grita a sus padres, les cierra la puerta de entrada, y acelera con su coche porque no van a dejarle que se quede fuera después de medianoche. O el adulto que exige ver al encargado cuando no puede entrar en un restaurante lleno de gente.

Los puedes ver en todas las etapas de la vida, aunque uno se pregunta si esto comienza en la infancia. Con la buena intención de darles a sus hijos una vida mejor, muchos padres directa o indirectamente estropean a sus hijos, dándoles todo lo que exigen. Los niños crecen para ser adultos infelices, para seguir persiguiendo la próxima tendencia o en busca de una casa más grande, un coche más rápido, o un esposo más guapo. Crían a sus hijos con la misma mentalidad de que nunca hay suficiente. Crecer con este espíritu de derecho infla nuestro ego temporalmente, pero a costa de una de las virtudes más importantes para tener éxito en la vida: el don de la gratitud.

UNO DE DIEZ

Creo que la pérdida de la gratitud se ha agravado en los últimos años. Pero de ninguna manera se trata de un problema nuevo. Jesús contó una historia en la Biblia que ilustra la tragedia del corazón ingrato: «Yendo Jesús a Jerusalén, pasaba entre Samaria y Galilea. Y al entrar en una aldea, le salieron al encuentro diez hombres leprosos, los cuales se pararon de lejos y alzaron la voz, diciendo: ¡Jesús, Maestro, ten misericordia de nosotros!» (Lc 17.11–13).

Para comprender el impacto total de esta historia, hay que entender que la lepra era una de las enfermedades incurables más crueles y repulsivas en tiempo de Jesús. La enfermedad devoraba la carne de una persona indefensa. Sus heridas sangraban diariamente. Cuando un leproso trataba de dormir por la noche, las ratas u otros roedores intentaban roer los huesos expuestos de la persona infectada. No era raro para la pobre alma despertar con un dedo o pulgar del pie menos, perdido por algunos roedores.

Además de su dolor, que a veces era insufrible, el páramo emocional que experimentaba el leproso probablemente era aun más insoportable. No solo por su horrible aspecto, también porque su estado era contagioso, las personas infectadas estaban excluidas de la sociedad y eran obligadas a vivir fuera de las ciudades en las colonias de leprosos. Cada vez que alguien se acercaba a un leproso, la víctima enferma tenía que gritar: «¡Inmundo, inmundo!», como advertencia de que se acercaba a gente de su condición.

Puedes imaginarte lo difícil que sería estar semanas, meses, años o incluso décadas sin una caricia, un abrazo, o un saludo. No es de extrañar que después de escuchar acerca de los milagros de Jesús, cuando los leprosos lo vieron acercarse, gritaran con todas sus fuerzas: «¡Ayúdanos! ¡Por favor, ayúdanos! ¡Ten piedad de nosotros!».

En su misericordia, Jesús mostró compasión a los leprosos. «Cuando él los vio, les dijo: Id, mostraos a los sacerdotes. Y aconteció que mientras iban, fueron limpiados. Entonces uno de ellos, viendo que había sido sanado, volvió, glorificando a Dios a gran voz, y se postró rostro en tierra a sus pies, dándole gracias; y éste era samaritano. Respondiendo Jesús, dijo: ¿No son diez los que fueron limpiados? Y los nueve, ¿dónde están? ¿No hubo quien volviese y diese gloria a Dios sino este extranjero?» (Lc 17.14–18). Imagínate esto. Diez leprosos sufrían desesperadamente. Diez vivían en extrema necesidad de ayuda. Diez pidieron y rogaron misericordia. Y diez fueron sanados. Sin embargo, solo uno volvió para dar gracias. Sus vidas, sus relaciones, su potencial y sus destinos fueron alterados para siempre por el Hijo de Dios, pero nueve no pudieron encontrar el tiempo o hacer el esfuerzo de expresar amor, adoración, o gratitud. Solo uno regresó a dar gracias. Nueve recibieron la respuesta a sus oraciones más grandes e ignoraron al que la dio.

CULTIVAR EL VALOR DE LA GRATITUD

¿Alguna vez te has metido en un montón de problemas para hacer algo especial por alguien, pero apenas se reconoció tu esfuerzo? Tú planeaste. Ahorraste. Lo preparaste. Pensaste en cada detalle. Lo hiciste todo a la perfección. Trabajaste como un loco para sorprender a alguien, bendecir a alguien, honrar a alguien. Y no te dio las gracias. Por supuesto que no lo hiciste para ser recompensado, pero un reconocimiento habría sido agradable.

Imagínate cómo se siente Dios cuando él nos da la vida, su amor, su presencia, sus bendiciones, su Hijo. Y lo ignoramos, sin dejar de hacer nuestras propias cosas. O tal vez seamos un poco más amables y damos un educado, testimonial «gracias, Dios». Nos presentamos en la iglesia una o dos veces al mes, si no estamos muy cansados o no tenemos la oportunidad de tomarnos un fin de semana de viaje fuera de la ciudad. Cantamos a medias un par de canciones, escuchamos el sermón, asintiendo con la cabeza para reconocer a Dios antes de salir corriendo a nuestro restaurante favorito para disfrutar de nuestra vida normal.

Te aseguro que para honrar a Dios y maximizar tu potencial, tendrás que aprender a vivir, abrazar y cultivar el valor transformador de la gratitud. La gratitud mata el orgullo. La gratitud mata a la autosuficiencia. La gratitud aplasta el espíritu de la justificación. Cuando ponemos nuestros egos descontentos en el altar de la gratitud, desarrollamos egos sacrificados llenos de acción de gracias.

> Cuando ponemos nuestros egos descontentos en el altar de la gratitud, desarrollamos egos sacrificados llenos de acción de gracias.

Aprender a dar gracias a Dios nos sitúa en la constante conciencia de la fuente de todas las cosas buenas de nuestras vidas, recordándonos siempre nuestra necesidad, que Dios resolvió a través de Cristo. En lugar de exigir a Dios que sirva a nuestros deseos, la gratitud nos pone en nuestro lugar: eternamente en deuda con quien nos dio la vida.

Al desenterrar las raíces de la justificación del derecho, la gratitud te hará crecer en la buena tierra de un corazón fértil. La gratitud cambiará la forma de ver tu pasado, reconociendo la soberanía de Dios en todas las cosas. La gratitud te posiciona para disfrutar de Dios continuamente en el presente, dependiendo de él en lo cotidiano. La gratitud te coloca en una postura de adoración, te prepara para dar gloria a Dios por todo lo bueno que va a hacer en tu futuro.

¿Qué ha hecho Dios en tu vida? ¿Qué te ha dado? ¿Qué bendiciones tomas por sentado? ¿Tu vida? ¿Tu salud? ¿Tus amistades? ¿Tu trabajo? ¿Tu casa o apartamento? Cuando hagas una pausa para pensar realmente, te prometo que podrás ver a Dios en todas las cosas, incluso en las cosas que deseaste que nunca hubieran sucedido.

Siempre me ha parecido muy interesante que la gente se pregunte por qué las cosas malas le suceden a ellos, pero rara vez preguntan por qué les suceden las cosas buenas. Estas actitudes reflejan la falsa creencia de que no merecemos el mal sino que nos merecemos lo bueno. Recuerda, lo que realmente nos merecemos es el infierno. Si eres cristiano, Cristo te ha salvado del abismo de tu pecado. Has sido lleno del Espíritu de Dios. Has sido adoptado en la familia eterna de Dios. Tu vida no es tuya. Fuiste comprado por un precio: la sangre de Jesús derramada por ti en la cruz.

Al igual que los leprosos, has sido limpiado. Sanado. Transformado. ¿Vas a ser como la mayoría de nuestra sociedad, igual que los nueve que están demasiado ocupados para dar las gracias? ¿O vas a ser diferente, vivir agradecido, y regresar para dar las gracias al Dios que te dio todo lo importante?

LOS MUERTOS DESAGRADECIDOS

¿Recuerdas a la niña que montó un circo para conseguir lo que quería, lo que demuestra que era una ingrata por lo que ya tenía? La mayoría de nosotros, en un momento u otro, tenemos una voz similar dentro de nosotros. «Yo lo quiero. Ahora. Me merezco más. Me merezco algo mejor. ¿Por qué ella obtiene todos los descansos? ¿Por qué no puedo conseguir lo que es para mí? No es justo». La voz ingrata dentro de nosotros exige más y hace caso omiso de las bendiciones que Dios nos da. ¿Qué estamos haciendo? Resentimos la bondad de Dios en la vida de otra persona y haciendo caso omiso a la bondad de Dios en la nuestra.

Una vez estuvimos recaudando dinero para un nuevo patio de juegos para los niños en nuestra iglesia. Es posible que hayas visto estos paraísos de colores en los parques donde vives. Tienen toboganes, columpios, paredes de escalada, vigas curvas de equilibrio y barras para hacer el mono. (No solo les encanta a mis hijos, soy conocido por subirme y reservarme un poco de diversión para mí.)

Sabiendo que los padres de nuestra iglesia se alegrarían de estar detrás de este proyecto, grabé un video sencillo para mostrar un ejemplo del campo de juego que legaríamos a nuestros hijos. Cuando el vídeo llegaba al final, miraba hacia el objetivo y decía: «Demos lo más grande porque nuestros hijos merecen lo mejor».

En ese momento, no tenía una opinión del vídeo. Se veía bien. Sonaba bien. Sentaba bien. Hasta que un buen amigo se me acercó después de ver el video en uno de los cultos de fin de semana en la iglesia. Steve acababa de regresar de un viaje misionero a una parte muy pobre del mundo. La gente del pueblo a la que sirvió no tiene agua corriente, fontanería o electricidad. Ellos luchaban a diario para conseguir la comida suficiente para sobrevivir. La mayoría de las personas morían temprano, ya fuera por hambre o por alguna enfermedad intratable. Steve me contó todo sobre el viaje y me mostró fotos de los niños que no tenían nada. Luego dijo: «La próxima vez que hagas una video para recaudar fondos para un lujo como un parque infantil muy caro, tal vez no deberías decir que nuestros hijos lo "merecen". Realmente no es así».

Steve tenía razón. Sin saberlo, había sido absorbido por una cultura de la exigencia y la falta de agradecimiento. Me *merezco* mi pizza en treinta minutos o menos. *Necesito* un teléfono con un plan de llamadas ilimitado o esto no puede funcionar. *Tengo* que tener un utilitario para mantener mi familia a salvo. *Tengo* que tener el par de vaqueros que valen 120 dólares. Mis hijos *deben* ir al fútbol, a danza y a piano.

Sin saberlo, damos por sentado todos los lujos y gemimos como niños malcriados cuando no tenemos el nuevo artilugio tecnológico o el par de zapatos que realmente deseamos. Nunca nos paramos a decir: «Gracias, Dios mío, porque tengo un inodoro... en mi casa... uno que realmente funciona». «Gracias por el aire acondicionado en verano y la calefacción en el invierno». «Gracias por mi salud, mis amigos, mi iglesia». Al igual que los nueve leprosos, tomamos lo que Dios nos da y nunca expresamos verdadera gratitud.

Al igual que el hermano mayor en la historia del hijo pródigo, si no tenemos lo que tienen los demás, pensamos que la vida no es justa. Dios no es justo. Si conoces la historia sobre el padre y sus dos hijos, una vez que el hijo menor regresa a su casa, el padre decide hacer una gran fiesta. Le da a su hijo un anillo, mata a una vaca, e invita a todo el mundo de la ciudad a celebrarlo. (En nuestra cultura, tendríamos hielo para las bebidas, contrataríamos a un DJ, encargaríamos un pastel grande y pondríamos las hamburguesas en la parrilla.) Pero el hermano ingrato mayor,

> Para superar nuestra actitud insatisfecha e ingrata, primero debemos identificarla en las áreas específicas de nuestras vidas.

que ya lo tenía todo, se quejó. «He aquí, tantos años te sirvo, no habiéndote desobedecido jamás, y nunca me has dado ni un cabrito para gozarme con mis amigos» (Lc 15.29).

¿Puedes oír la misma actitud a tu alrededor hoy día? «Alguien me debe tanto. Me merezco algo mejor. Debería tener un vehículo de la empresa. Un mejor salario. La oficina más agradable. Debería estar casado ya. ¿Por qué no puedo tener una casa más grande? ¿Con un garaje para tres coches? ¿Un vestidor? ¿Y encimeras de granito? Yo no debería tener que conducir este coche tan viejo. El mío debería ser completamente nuevo. Además (hay que entrar en un armario completamente lleno de ropa y pasar la mano a lo largo de las baldas para que este gesto funcione) no tengo *nada* que ponerme».

Y Dios ciertamente está afligido por nuestra ingratitud.

SUFICIENTE ES SUFICIENTE

Para superar nuestra actitud insatisfecha e ingrata, primero debemos identificarla en las áreas específicas de nuestras vidas. La verdad es que la ingratitud es a menudo difícil de ver en nosotros mismos, como una especie de punto ciego de las bendiciones que tenemos. Voy a pasar a través de unas pocas categorías comunes de ingratitud para ayudarte a descubrir algunas ingratitudes escondidas en las partes oscuras de tu corazón. Vamos a nombrar las áreas de ingratitud, porque no se puede derrotar a un enemigo que no se puede nombrar.

¿Eres material o financieramente ingrato? ¿Estás decepcionado de no tener más cosas, cosas nuevas o cosas más agradables? ¿De vez en cuando o con frecuencia te quejas de tu sueldo, tu casa, tu ropa, o tu coche? ¿Te da envidia cuando alguien obtiene algo que tú no tienes? ¿Viajan los demás a lugares a los que te gustaría ir? ¿O usan una ropa que tú no puedes pagar? ¿Tienes todo lo que realmente necesitas, pero ojalá tuvieras más? Si es así, probablemente batallas con una ingratitud financiera o material.

Admítelo. Nómbrala. Llámalo por su nombre. Hay una parte de tu corazón que necesita limpieza.

¿Y cuando se trata de relaciones? ¿Estás celoso porque tu mejor amiga tiene un novio y tú no? ¿O porque la mayoría de tus amigos están casados y tú no? ¿O porque ves un buen matrimonio, y tanto tú como tu cónyuge sabéis que el vuestro no está bien en absoluto? Tal vez has estado al margen de un grupo en el que te gustaría entrar y eso te duele. Tal vez otra persona está ahora más cerca de la persona que solía ser tu mejor amigo. Claro, tienes algunos amigos, pero no son suficientes. Eres ingrato con tus relaciones. No quieres admitirlo, pero es verdad. Acéptalo.

Tal vez para ti es una ingratitud hacia las circunstancias. No te gusta tu cabello. O tu cuerpo. O la ciudad donde vives. O el clima. Hace demasiado calor o demasiado frío, está demasiado húmedo o demasiado seco. Para ti, puede ser que sea la empresa para la que trabajas. No ofrecen grandes beneficios. Te consideran uno más. No eres más que un número para ellos. Estás harto de trabajar todo el tiempo, sobre todo porque pagan muy mal.

Desearías que tu vida fuera diferente, pero te sientes atrapado. La verdad es que tienes mucho que agradecer. Pero rara vez te detienes a pensar en esas bendiciones porque tienes otras tantas insatisfacciones. No lo niegues. Si es verdad, admítelo. Eres ingrato con tus circunstancias.

Una vez identificada la oscuridad, puedes invitar a la luz de Cristo para que te cambie. Podrías pensar: «Esto es solo mi modo de ser. Yo no soy una persona agradecida. Soy más bien el tipo de persona que ve el vaso medio vacío». Puede ser así, pero Dios puede cambiarte.

VOLVER A LA ADORACIÓN

¿Cómo superar las semillas de ingratitud que la cultura ha plantado en tu alma? ¿Cómo se aprende a ser agradecido en un mundo que sobresale por lo opuesto?

Me gustaría tomar prestada una frase de una canción de Matt Redman llama «Blessed Be Your Name» [Bendito sea tu nombre]. En ella, él le canta a Dios: «Cada bendición que has derramado, la devolveré en adoración». Para cultivar una actitud de gratitud, deberíamos convertir todo lo bueno de nuestras vidas en una oportunidad para la adoración. Cuando lo hacemos, estamos reconociendo al dador de los dones. La Biblia dice en Santiago: «Toda buena dádiva y todo don perfecto desciende de lo alto» (1.17). Dado que cualquier cosa buena que tenemos viene de Dios, ¿por qué no darle a Dios el mérito?

Recuerda que la persona que siente que se merece todo lo bueno que recibe, ignora la bondad de Dios que hay en las bendiciones. Pero cuando no consigue lo que quiere en la vida, Dios tiene la culpa. Por otro lado, cuando convertimos las bendiciones en alabanza, cultivamos la gratitud. Estamos entrenando a nuestros corazones para ser constantemente conscientes de la bondad de Dios.

Cualquier bendición que no se convierte en alabanza se convierte en orgullo. Pensamos que nos lo hemos ganado, que lo merecíamos, o que somos dignos de ella. Eso es orgullo. Y el orgullo rompe el corazón de Dios. Entre otras cosas, el orgullo repele a Dios. Él se opone a los orgullosos. La buena noticia es que Dios da gracia a los humildes. Así como el orgullo disgusta a Dios, la alabanza le deleita.

El apóstol Pablo modeló la actitud correcta mejor que nadie que yo conozca. Pablo podría haber sido víctima de la ingratitud material, relacional o circunstancial. Tenía motivos para quejarse de todo lo que él había dado por Cristo. Le había entregado la vida normal de casado y de padre por difundir el evangelio. Había sido golpeado, azotado, naufragado, apedreado, dejado por muerto y encarcelado.

Mientras estuvo en arresto domiciliario, en lugar de culpar a Dios, llorar por las injusticias, o perder su fe, Pablo optó por centrarse en lo que tenía. En su agradecimiento, Pablo descubrió el secreto de la alegría. Esta no era una respuesta natural para él, al igual que no será natural para nosotros. Pablo tuvo que aprender el contentamiento, la gratitud y la alabanza. Dijo: «No lo digo porque tenga escasez, pues he *aprendido* a contentarme, cualquiera que sea mi situación. Sé vivir humildemente, y sé tener abundancia; en todo y por todo estoy *enseñado*, así para estar saciado como para tener hambre, así para tener abundancia como para padecer necesidad. Todo lo puedo en Cristo que me fortalece» (Fil 4.11–13, el énfasis es mío). Sin importar lo que la vida pusiera en su camino, Pablo aprendió a estar agradecido y contento. No por su cuenta, sino porque Cristo le dio fuerzas.

Una vez haces inventario de todas tus bendiciones, es fácil ser agradecido por lo que Dios te ha dado. Pero también es útil pensar no solo en las cosas buenas que tienes, sino también en las cosas malas que no has experimentado.

En su poema «Otherwise» [De otro modo], la poeta Jane Kenyon reflexiona sobre sus bendiciones con gratitud, abrazando cada momento de la vida.

Kenyon escribió este poema en 1993, al enterarse de que su marido, Donald Hall, tenía cáncer. Irónicamente, fue Kenyon, y no Hall, quien murió un año más tarde después de una batalla rápida y feroz contra la leucemia. «El otro modo» llegó inesperadamente. Pero Jane Kenyon no se perdió las bendiciones de Dios cada día. Aprendió el arte de la gratitud.

UNA PERSPECTIVA DIFERENTE

Como el apóstol Pablo, yo también tuve que aprender la gratitud en todas las cosas. A decir verdad, yo no soy agradecido por naturaleza. Me da vergüenza decirlo, pero me inclino más hacia el lado negativo, crítico, descontento y desagradecido. Puesto que soy pastor, la gente me otorga más mérito del que merezco. Como la vez que pasé la noche con un amigo. Cuando a la mañana siguiente sonó el despertador a las 5:00, me molestó tanto que grité: «¡Apaga el despertador!».

Más tarde ese día, él me contó que fue bendecido por lo que hice cuando sonó la alarma.

—¿Qué hice? —le pregunté, sin recordar nada especial.

—Al romper el alba, tus primeras palabras fueron: ¡Buenos días, Señor! —él no tenía buen oído, y yo nunca le dije que realmente grité con enfado: «¡Apaga el despertador!».

Un versículo que ayudó a construir en mí un espíritu de gratitud fue Eclesiastés 6.9, que dice: «Más vale vista de ojos que deseo que pasa». Piensa en ello. Querer lo que se tiene es mejor que tratar de tener lo que quieres. Es mejor aceptar lo que Dios nos ha dado que quejarnos de lo que no tenemos. Cuando tomas todo lo bueno y lo reconoces, dando gloria a Dios, cambia radicalmente tu perspectiva.

> Querer lo que se tiene es mejor que tratar de tener lo que quieres.

Transforma tus bendiciones en la alabanza. En lugar de quejarte de tu coche viejo, puedes agradecer a Dios todos los días que tuviste transporte. Si tu casa siempre es un desastre, puedes agradecer a Dios que tienes una familia, niños y juguetes. Si te sientes como si estuvieras siempre ocupado corriendo de un lugar a otro, puedes dar gracias a Dios porque estás sano, necesitado, y tienes la capacidad de vivir una vida activa y productiva. Si tu casa es pequeña, puedes dar gracias a Dios porque tienes un refrigerador, una cama, y agua corriente. Si no te gusta tu trabajo, despiértate cada día y recuerda a todas las personas que matarían por tu trabajo. A continuación, da gracias a Dios porque te ha proporcionado el empleo. La perspectiva lo es todo.

PERDIDO Y ENCONTRADO

Algunas experiencias nos recuerdan nuestra perspectiva de manera muy dramática. Una vez nuestra familia viajó desde Oklahoma a Florida para divertirnos un poco bajo el sol. Por desgracia, estuvimos allí la única semana en que el sol se fue de vacaciones y el tiempo fue horrible. Lluvia, lluvia y más lluvia. Después de varios días de actividades de interior, me enfadé mucho porque gastamos mucho dinero y viajamos a través de muchos estados para tener vacaciones en un clima peor del que teníamos en casa. Finalmente, el clima mejoró ligeramente. No mucho, pero lo suficiente como para jugar en la playa... más o menos.

Dado que la tormenta era persistente, no podíamos dejar que nuestros hijos se adentraran más que la altura de las rodillas en el agua. Las olas, los remolinos y la resaca parecían demasiado para nuestros hijos pequeños, que eran nadadores novatos de Oklahoma. Con habilidades de salvavidas a lo *Vigilantes de la playa*, todavía gruñendo en voz baja sobre el mal tiempo, observaba cada movimiento de los niños en el océano. *Estúpido clima.*

Por un momento mi mente divagó, imaginando el día más hermoso en la playa... que estaba seguro que aparecería el día que regresásemos a casa. Cuando salí de mi corto ensueño, conté los niños. Uno, dos, tres, cuatro, cinco... ¿cinco? ¿Dónde está el número seis? El corazón me dio un vuelco. Rápidamente hice una lista. Estaban Catie, Mandy, Anna, Sam, y Joy. ¿Dónde está Stephen?

El tiempo se detuvo.

Corrí a toda velocidad hacia el océano agitado, llamando a Stephen a gritos. Amy y todos los demás niños se asustaron y se turnaron conmigo en la búsqueda y rescate. Gritamos y oramos a Dios pidiendo misericordia. Con las oraciones volando sin parar, seguimos llamándole, observando cualquier signo de nuestro hijo más pequeño en el agua.

Nada.

Los segundos se convirtieron en minutos. A cada segundo que pasaba, el miedo se disparaba. Otras personas llegaron corriendo para unirse a la búsqueda. Temíamos que nuestras vidas hubiesen sido alteradas para siempre para lo peor.

Fue entonces cuando Catie, la mayor, señaló por encima de la duna de arena y gritó: «¡Stephen!», con alivio en su voz. El pequeño Stephen caminaba lentamente sobre la duna, subiéndose los pantalones, tratando de atarse el cordón de su traje de baño. Era evidente que Stephen tenía que «ir al baño», así que encontró un árbol y descargó.

Al ver a Stephen, di gracias a Dios, y le alabé y le adoré. Normalmente habría dicho a Stephen que tenía que decirnos cuándo tenía que ir al baño, pero en ese momento yo estaba demasiado agradecido para corregirlo y solo quería agradecer a Dios que nuestro hijo estuviera vivo. Me di cuenta de que diez minutos antes, me sentía muy mal porque no me gustaba el clima. Cuando mi perspectiva cambió, ya no me habría importado que lloviese todos los días durante el resto de mi vida. Lo único que importaba era que mi hijo estaba a salvo. La perspectiva correcta lo cambia todo. Cuando todo en lo que puedes pensar es sobre lo que quieres quejarte, puedes ser bastante miserable e ingrato. Pero cuando cambias de dirección tu foco, tu corazón cambia. En lugar de quedar envenenado por la ingratitud, eres transformado por la gratitud y la alegría.

ACTITUDES EN ACCIONES

Haz un inventario de todo lo que Dios te ha dado: tu vida, tu salud, tu talento, tus oportunidades, tu familia, tus amistades. Si eres cristiano, date cuenta de que has sido salvado de tus pecados, transformado por la gracia, y lleno del Espíritu de Dios. Ahora es el momento de convertir cualquier sentimiento de gratitud en acciones.

Estoy orando porque aun cuando nueve no regresaron para dar gracias, tú podrás ser el único que lo hace. Vas a adorar a Dios, dándole las gracias por lo que él es y lo que ha hecho. Vas a quedar abrumado con un corazón lleno de alabanzas. Su nombre siempre estará en tus labios. La gratitud desbordará tu corazón.

Y a medida que aprendes a adorarle, contento con todas las cosas por medio de Cristo, tu actitud de gratitud será evidente para todos los que entran en contacto contigo. Incluso ahora, estoy seguro de que hay algunas personas que te han bendecido, alentado, inspirado, o creen en ti.

¿Vas a ser el uno que escribe la nota de agradecimiento a la persona que te sirve o te dio un regalo? ¿Vas a ser el uno que expresa gratitud a un maestro o entrenador que marcó una diferencia en tu vida? ¿Vas a ser el uno que envía un correo electrónico o una nota o llama para expresar su gratitud a alguien que te anima o te levanta?

A diferencia de cualquier otra virtud, vivir con gratitud puede cambiar la forma en que experimentas tu vida. Deja ir la nostalgia por lo que no tienes, persiguiendo cosas que nunca te satisfacen más de unos pocos minutos. Da gracias a Dios por todo lo que tienes. Tienes todo lo que necesitas en estos momentos. Tal vez nadie nos recuerde esta verdad con más fuerza que el profeta Isaías:

> A todos los sedientos:
>   Venid a las aguas;
> y los que no tienen dinero,
>   venid, comprad y comed.
> Venid, comprad sin dinero y sin precio,
>   vino y leche.
> ¿Por qué gastáis el dinero en lo que no es pan,
>   y vuestro trabajo en lo que no sacia?
> Oídme atentamente, y comed del bien,
>   y se deleitará vuestra alma con grosura.
> —Isaías 55.1–2

sacrificando la autojustificación por la obediencia apasionada

Capítulo 9

comportamiento audaz

La libertad reside en ser audaz.

—Robert Frost

Antes de comenzar secundaria jugué a varios deportes. Ya sabes, algunos de los más viriles... fútbol americano, béisbol y fútbol. Más tarde, hacia el final de octavo curso, sufrí una lesión que requirió un largo periodo de recuperación. Así que a principios de noveno, aunque todavía me estaba recuperando, empecé con el tenis, casi como una especie de broma. Conocí a una chica muy guapa que solía jugar al tenis, y ella proporcionó toda la motivación que necesitaba.

Sin embargo, sorprendentemente, acabé en un equipo y de hecho empezó a gustarme el deporte. Entonces, lo creas o no, después de solo cuatro años jugando, fui (casi) lo suficientemente bueno como para obtener una beca para jugar en una escuela nacional de alta clasificación de la NAIA. Estaba muy emocionado y esperaba hacerlo bien, pero cuando entré en la cancha de mi nuevo colegio me di cuenta de que estaba enormemente superado. Sin duda yo era, con mucho, el peor jugador de nuestro equipo colegial. También resultó que yo era el único estadounidense en un equipo lleno de australianos, y esto, junto con mi espectacular racha perdedora, me hacía estar inseguro todo el tiempo acerca de mi estancia en el equipo.

Un día le pregunté al entrenador:

—¿Por qué no me ha echado ya?

Él vaciló antes de responder:

—Bueno, la verdad, eres el único que tiene coche, y necesito que lleves los jugadores a entrenar.

Así es como me las arreglé para estar en un equipo de nivel universitario: tenía el medio de transporte.

A pesar de mis luchas, trabajaba muy duro y me encantaba competir. Y durante el camino, caí en las tentaciones habituales de los universitarios. Como ya he compartido antes, todo cambió en un campo de *softball* una noche en que me sentí tan agobiado por mis malas decisiones que oré: «Dios, si estás ahí, si todo este asunto de Jesús es real, por favor, cambia mi vida».

Cuando oras así, es mejor ponerse el cinturón de seguridad, ya que, efectivamente, Dios hizo una obra milagrosa en mí, me transformó y me hizo nuevo en todos los sentidos. Por lo tanto, me comprometí a poner todas las áreas de mi vida a disposición de Dios. Y una de esas áreas era mi habilidad atlética en la cancha de tenis. Yo no sabía nada acerca de ser teológicamente correcto, así que una vez, ingenuamente, oré: «Dios, has permitido que yo sea parte del equipo de tenis. No soy muy bueno, pero estoy dispuesto a trabajar más duro que nunca. Si me tratas bien en el tenis, le diré a todo el mundo que fuiste tú».

Así que ese verano trabajé más que nunca y entrené de cuatro a cinco horas al día. A principios del semestre de otoño, regresé decidido a conocer a mostrar a Dios en todo de todo lo que yo haría, tanto dentro como fuera de la pista. En el primer partido del año, me arrodillé junto al poste de la red y oré: «Dios, ayúdame a ganar. Sabes que te necesito, no soy nada. Ayúdame a ser un gran testigo. Haga lo que haga hoy me encargaré de que tu nombre sea bien conocido». Efectivamente, ese día no solté palabrotas, lo que fue un verdadero progreso desde donde había comenzado. Además de eso, gané el partido. Todo lo que pude decir fue: «¡Gracias, Dios!».

Al siguiente partido, me arrodillé y oré otra vez... ¡y volví a ganar! Mis compañeros no sabían qué hacer con mi divina transformación en la pista. Decían cosas como: «Orar en la pista es muy audaz, amigo... Un poco raro, pero audaz». Así que continué orando. Lo creas o no, al final de la temporada me mantuve invicto. No había perdido un solo partido.

Avanzando hacia la final del distrito, que estaba a un partido de distancia de las nacionales, me enfrenté con un tipo llamado Jeremy, un estudiante de Sudáfrica que jugaba en la Oral Roberts University, una prominente escuela cristiana. El año anterior Jeremy me había dado una paliza que me dejó tan mal que quise correr a casa llamando a mi mamá. Al enfrentarme con él en la final de distrito, me arrodillé y oré como siempre. Cuando levanté la vista, al otro lado de la pista mi oponente de la ORU estaba orando también. Estaba indignado. ¡Esa era mi rutina espiritual, no la suya!

Me incliné y dije:

—Supongo que vamos a ver quién tiene más fe... si tú o yo.

Y él gritó:

—Vengo de la ORU, ¡tengo más puntos porque estoy orando en lenguas!

Repliqué:

—Bueno, Dios me dio la interpretación de tu oración en lenguas, y dice: «¡Vas a perder!».

A pesar de mi jactancia tan poco cristiana, Dios tenía razón y Jeremy cayó y gané el título. Cuando me acerqué a mis compañeros de equipo, dijeron: «No puedo creer que estés invicto! ¡Y orabas todo el tiempo! ¡Eso es realmente audaz, amigo!».

AUDACIA Y BELLEZA

Bien, mi atrevimiento en la cancha de tenis pudo haber nacido de la ingenuidad tanto como de la inspiración del Espíritu Santo. Aunque mi ego pudo haber tratado de entrometerse, yo creo que Dios honró la sinceridad de mi intención de darle a él gloria a través de todo lo que hacía. A medida que he madurado en mi fe, he aprendido que Dios quiere que seamos audaces, que asumamos riesgos mientras él nos guía fuera de nuestras zonas de confort.

La mayor parte del tiempo queremos ir a lo seguro, para estar cómodos y perseguir lo que es conveniente para nuestras ocupadas agendas. Pero Dios es audaz por su propia naturaleza, y a medida que lo sigamos y estemos guiados por su Espíritu que habita en nosotros, encontraremos la fuerza y el coraje para tomar iniciativas que nunca tomaríamos por nuestra cuenta.

> Dios quiere que seamos audaces, que asumamos riesgos mientras él nos guía fuera de nuestras zonas de confort.

Esto lo vemos ilustrado a través de las vívidas descripciones de las luchas y los triunfos del primer grupo de cristianos en el libro de Hechos. Este relato fue escrito por Lucas, médico de profesión, quien capturó algunos de los aspectos más destacados de la primera comunidad de personas que creían en Jesús. Uno de los temas principales del libro de Hechos es la audacia de los creyentes. Cuando nos fijamos en la historia de la iglesia primitiva, vemos milagro tras milagro. Depender de nada más que del poder del Espíritu de Dios que los hizo sin duda audaces en todo lo que hacían.

Ahora, cada vez que leo estos relatos en Hechos, suelo preguntarme: «¿Por qué no vemos este tipo de milagros en nuestro mundo de hoy? ¿O por lo menos en nuestras iglesias?». Tal vez me equivoque, pero sospecho que la respuesta es que no tenemos la misma fe audaz para actuar de manera audaz y lograr resultados llamativos como hicieron los primeros creyentes.

Antes de que vayamos más lejos, quisiera definir lo que quiero decir con audacia. No es un comportamiento subjetivo, chiflado, irracional, extraño o ilógico. No, la audacia es simplemente el comportamiento que nace de la creencia. Porque, como recordarás, lo que crees —acerca de quién eres y quién es Dios— determina cómo te comportas. Si crees que todo el mundo te va a criticar, puede que te comportes con cautela. Si crees que probablemente vas a fallar, vas a aventurarte tímidamente. Sin embargo, si crees que el único Dios verdadero te está llamando, autorizándote, dirigiéndote, y equipándote, entonces vivirás con valentía. ¿Por qué? Porque la audacia es un comportamiento que nace de la creencia.

La palabra griega que en Hechos se traduce como la audacia es *parrhesia*, y esta palabra significa algo más que un hablar fluido. La palabra griega original transmite la idea de franqueza, que significa «garantía, valor y confianza; actuar sin temor». Muy a menudo el miedo mantiene a nuestros egos al frente, en el centro y en la necesidad de reafirmación por parte de otras personas o de nuestros bienes o títulos. Pero cuando ponemos nuestros egos en el altar de la creencia, nuestros egos sacrificados son libres de vivir por fe y no por miedo.

ROCK AND ROLL

Puede que el foco de la audacia no brille con más intensidad en otro lugar de Hechos como lo hace en un chico llamado Pedro. Pedro, uno de los doce discípulos originales de Jesús, es alguien con quien la mayoría de nosotros podemos identificarnos fácilmente. Yo lo hago. Él es quien ha sido caracterizado a menudo por sus audaces intenciones seguidas de sus tímidas acciones. Uno de los ejemplos más evidentes de sus intenciones audaces llega justo antes de que Jesús fuese arrestado. Pedro declaró con audacia: «Si todos estos otros perdedores te dan la espalda, yo aún estaré aquí. Yo nunca te dejaré. Soy tu hombre. Vigilo tus espaldas. Nunca te negaré. Yo estoy contigo valientemente».

Antes de concluir la jornada, no solo una vez, sino en tres ocasiones diferentes, Pedro negó conocer a Cristo. Sus intenciones audaces fueron vencidas bajo la presión de tener que actuar con fe. Pero la historia de Pedro no terminó ahí, algo ocurrió en Pedro, y oro para que lo mismo nos suceda a nosotros. Cuando Jesús murió y resucitó tres días después, Pedro encontró a su Maestro con una alegría sin límites. Y Jesús, básicamente, le dijo: «Eh, estás perdonado; está bien. Déjalo ir. No te inquietes. Sé valiente. Cuida de mis ovejas. Eres mi roca» (mi traducción en argot de la conversación, que se describe en Juan 21).

Un interruptor se accionó en el interior de Pedro después de ese encuentro, y de pronto el tipo que solía ceder bajo la presión no se pudo contener. No mucho después se paró frente a un enorme grupo de personas y predicó uno de los mensajes más audaces de la historia. Dijo: «¡Son una generación corrupta!». No es muy políticamente correcto. Dijo: «Tienen que alejarse de sus pecados, arrepentirse en el nombre de Jesucristo, y ser bautizados». Y tres mil personas se salvaron ese día. En un instante, la iglesia cristiana del Nuevo Testamento acababa de estallar, y Pedro fue audaz y valiente y creyó en Dios para hacer grandes cosas.

Por ejemplo, él y Juan iban caminando una vez cuando se encontraron con un hombre que había sido cojo desde hacía más de cuarenta años, y ellos le dijeron que se levantara y caminara. Imagínate, en nuestro contexto, a alguien que ha estado en una silla de ruedas durante cuarenta años, hasta que un día, dos chicos vienen y dicen: «En el nombre de Jesús, date un paseo». ¡Y lo hace!

Esta curación milagrosa agitó todo tipo de polémicas porque todo el mundo alrededor del tipo sabía que este no podía caminar. Y por eso algunos de los guardias del templo, bajo la orden del Sanedrín, el grupo religioso en el poder en ese momento, enviaron a unos cuantos a arrestar a Pedro y a Juan, y llevarles a juicio ante el Sanedrín.

Cuando el Sanedrín juzgaba a alguien, todos los miembros, vestidos con sus trajes oficiales, rodeaban a los demandados para intimidarlos. Lanzaban las preguntas desde todas las direcciones y luego decidían sobre el destino de los acusados, por lo general diciendo: «Vamos a acabar contigo», o «Te vamos a encarcelar», o «Te vamos a matar». Así que no pintaba bien para estos dos seguidores de Jesús.

En medio de este inquietante encuentro, preguntaron a Pedro y Juan: «¿En qué nombre y con qué autoridad hacéis estas cosas?».

¿Se les trabó la lengua o quedaron intimidados?

Compruébalo tú mismo: «Entonces Pedro, lleno del Espíritu Santo, les dijo: Gobernantes del pueblo, y ancianos de Israel: Puesto que hoy se nos interroga acerca del beneficio hecho a un hombre enfermo, de qué manera éste haya sido sanado, sea notorio a todos vosotros, y a todo el pueblo de Israel, que en el nombre de Jesucristo de Nazaret...». Y después Pedro lanza el golpe perfecto para asegurarse de que lo entienden: «... a quien vosotros crucificasteis y a quien Dios resucitó de los muertos, por él este hombre está en vuestra presencia sano» (Hch 4.8-10).

¿QUÉ HAY EN UN NOMBRE?

Bien, no me es posible exagerar lo valientes que eran. El Sanedrín odiaba a Jesús, se alegraba de que se hubiera ido, y esperaban no volver a saber de él. Y el fundamento de sus convicciones era la creencia de que la resurrección de los muertos es imposible. Así que Pedro señaló directamente a las personas que usaron su poder para matar a Jesús y les dijo: «¿De dónde saqué este tipo de poder para sanar a un hombre que ha sido paralítico durante cuarenta años? Se acuerdan de Jesús, ¿no? El hombre inocente a quien detuvieron y crucificaron. Bueno, pues ha vuelto de entre los muertos». En esencia, la respuesta de Pedro era como una declaración de guerra, la última cosa que estos líderes religiosos judíos querían oír.

Lo realmente interesante es que hace dos mil años, ¿qué nombre era tan controvertido? El nombre de Jesús, ¿no? Dos mil años después, ¿qué nombre trae tanta controversia? El nombre de Jesús. Piénsalo. En nuestra época actual puedes ser espiritualmente audaz sobre todo tipo de cosas y está bien. Todo el mundo tolera un poco de Dios, y otro poco de espiritualidad. Solo cuando mencionas a Jesús es cuando todo el mundo se asusta. Seamos honestos, puedes ir al *Show de Oprah* y hablar de un poder superior durante todo el día. «Ah, sí, qué bueno, qué interesante. Ah, y Dios hizo tal, y el Espíritu hizo cual, y yo soy una persona espiritual. Soy espiritual». Oh, sí, abrazo... abrazo...

lágrima… lágrima. Pero tan pronto como dices «Jesús», todo cambia, ¿verdad?

Se me pidió que orara en un evento deportivo profesional. Los patrocinadores dijeron:

—Puedes orar lo que quieras.

Sonreí y dije:

—¿Todo lo que quiera?

Ellos dijeron:

—Sí, lo que quieras. Bueno, cualquier cosa que desees, siempre y cuando no violes nuestra única regla. No se puede orar en el nombre de Jesús.

Sin perder un momento le dije:

—¿En qué nombre oro?

Entonces se pusieron nerviosos.

—No sé. Puedes orar en el nombre que desees. Puedes orar en el nombre del Creador, en nombre de Dios, en el nombre del Señor, en el nombre del Gran Hombre, en tu propio nombre o en el nombre de tu mamá, pero no puedes orar en el nombre de Jesús.

¿Por qué? Porque hay algo en ese nombre. El nombre de Jesús tiene una autoridad sobrenatural que nos da el poder de un modo que ni siquiera podemos comprender. Así que cuando Pedro y Juan citaron a Jesús como su fuente de energía, los líderes religiosos no podían creer lo que estaban viendo: «Entonces viendo el denuedo de Pedro y de Juan, y sabiendo que eran hombres sin letras y del vulgo, se maravillaban; y les reconocían que habían estado con Jesús» (Hch 4.13).

GUÍA DE IDIOTAS PARA LA AUDACIA

Los líderes religiosos judíos se sorprendieron al ver semejante audacia de un par de hombres normales como Juan y Pedro. Sería como si tú y yo nos pusiéramos de pie ante la Corte Suprema diciendo que sabemos lo que es mejor para el sistema judicial del país. Nos mirarían, conscientes de que no somos abogados o académicos formados en la sala del tribunal (trabaja conmigo si quieres ser abogado o formado en la sala del tribunal), y nos preguntaran qué nos hace pensar que estamos tan bien informados y seguros.

Pero esta es la cuestión: Dios le da a la gente común una audacia extraordinaria. No tienes que ser un experto o un erudito, obtener un grado en el seminario o tener experiencia como misionero sirviendo a Cristo con un poder increíble. Observa el lenguaje del versículo de nuevo: «[Los gobernantes] viendo el denuedo de Pedro y Juan, y sabiendo que eran hombres sin letras y del vulgo». La palabra griega traducida como «sin letras» es *idiotas*. Esta palabra puede significar ignorante; puede significar no escolarizado; puede significar ordinario. Sin embargo, la traducción literal de las palabras *idiotas* es... lo has adivinado: ¡«idiota»! ¿No te encanta?

A veces pienso que los traductores de la Biblia son demasiado educados. Una traducción literal presentaría este versículo como «estos tipos estaban sorprendidos y no podían creer la audacia de estos idiotas». No hay un pretendido sentido espiritual aquí; es un hecho que estos chicos no tenían ningún entrenamiento especial ni la educación religiosa que les cualificaba para sanar a un cojo. Este es el trato: si eres el mejor de los mejores, el más brillante de entre los más brillantes, Dios obviamente va a utilizarte para su reino. Es solo que él es especialista en el uso de los

> Dios da a la gente ordinaria una audacia extraordinaria.

idiotas... personas normales y corrientes como tú y yo. Él ama, del todo, a la gente común.

A nuestro Dios le encanta tomar a la gente que otros pasan por alto y darles audacia. Puede que estés pensando: «Bueno, yo soy cristiano, pero no soy naturalmente audaz. Soy una persona tranquila. No soy un seminarista. No soy un líder natural o un maestro de la Biblia. Ya sabes, yo solo soy una madre y ama de casa». O: «Yo solo soy un estudiante», O: «¡Soy un tipo cualquiera, hombre!». Recuerda, hay muchas maneras diferentes de ser audaz, muchas maneras únicas y excepcionales de ser valiente para Cristo.

Puedes estar en tu lugar de trabajo y todo el mundo está chismorreando: «Oye, ¿has oído lo último?». Y les miras y dices: «¿Saben qué? Debido a mi fe, no voy a ser parte de esto». Y te vas. Esa es audacia en acción.

Puedes ser una adolescente o una joven, y amar a Dios y desear complacerle. Todas tus amigas... bueno, seamos sinceros, se visten como prostitutas. No estoy tratando de sonar como tu padre o alguien que está totalmente fuera de sitio, pero ya sabes de lo que estoy hablando. Tus amigas quieren ir a bailar, y están tratando de ver el grado de tensión y escasez que pueden emplear en su ropa sin hacerse daño. Y tú te niegas a seguir adelante y vestir así. Dices: «Yo voy a ser modesta para honrar a Dios, y ya pueden pensar lo que quieran de mí». Tú eres *audaz* para Cristo.

Tal vez seas un hombre soltero y todos tus amigos están de bar en bar y persiguiendo a las mujeres, tratando de anotarse la conquista de esa noche. Y te plantas frente a ellos y dices: «¿Saben qué? No voy a tratar a las mujeres como si fueran objetos. De hecho voy a tratarlas como si estuvieran creadas a imagen de Dios. Y voy a cumplir con mi futura esposa, a quien no he conocido todavía, y honrar a mi Dios, que me llama a unos estándares diferentes. ¡Y yo no voy a hacerlo!».

Puedes estar en una empresa, puedes hacer un montón de dinero, pero estás mirando la situación y dándote cuenta: «Yo no me siento bien con esto. No creo que sea muy ético». Y te marchas de una empresa muy rentable debido a tu fe. ¿Qué has sido? Has sido *audaz*.

NUNCA DEMASIADO AUDAZ

Cuando te conviertes en alguien espiritualmente audaz para la gloria de Dios, tu audacia sorprende a todo el mundo. Se nos dice que los miembros del Sanedrín estaban asombrados de la valentía de Pedro y Juan. ¿Por qué? Porque ellos sabían que podían matar a estos chicos, y a estos chicos no les importaba. Estaban increíblemente asombrados: «vaya, no tenemos una etiqueta para esto». Aunque los miembros del consejo no creyeran lo que estos dos idiotas decían, estaba claro que Pedro y Juan no tenían duda alguna acerca de su fe en Cristo.

Hablar con este tipo de audacia ante un público hostil no es algo que la mayoría de nosotros hayamos experimentado alguna vez. Pero cada uno de nosotros se enfrenta a oportunidades de ser audaces de acuerdo a las circunstancias de nuestra vida. Ya te hablé del año en que me las arreglé para terminar invicto. Bueno, al final del año tuvimos la entrega de premios para todos los deportes, una gran ceremonia de premios deportivos. Acababa de conocer a Amy, y nos invitaron a ir. Yo sabía que iba a recibir un premio porque mis padres estaban invitados, así que pensé: «¡Estoy consiguiendo algo!». No tenía ni idea de que en realidad me otorgarían el premio más prestigioso, el de Deportista del Año.

Cuando hicieron la presentación, subí al estrado para recibir mi premio, y el presentador dijo: «Craig, ¿hay algo que quieras decir?». Y me acordé de mi oración de casi un año antes: «Dios, si me ayudas a mejorar, le hablaré a todo el mundo acerca de ti». Así que agarré el micrófono y prediqué mi primer sermón. Tenía como setenta y tres puntos y probablemente divagaba un poco. Pero no importaba, porque mi corazón estaba abierto y Dios brillaba a través de él. Era una buena iglesia. Era tan buena que deberían haber recogido una ofrenda.

Seguí y seguí y comencé a llorar por lo pecador que era y lo que Dios había hecho. Hablé de todo lo que sabía de Dios y su bondad, que no era mucho en ese momento de mi vida. Y mientras cerraba mi sermón un poco improvisado y trataba de recuperar la compostura, pensé: «Nunca volveré a tener un amigo». Así que imagínate lo sorprendido que estuve cuando todo el mundo en la sala del banquete me dio una ovación de pie.

Nunca olvidaré que cuando me dirigí a mi asiento me acerqué a un hombre que tendió la mano para estrechar la mía. Él jugaba a un deporte diferente, y yo no lo conocía bien, pero habíamos estado juntos en fiestas y teníamos muchos amigos en común. Él extendió la mano y dijo: «Ha sido la cosa más audaz que he visto en toda mi vida». Le di las gracias, muy consciente de lo rápido que mi corazón seguía latiendo en mi pecho.

> Cuando te conviertes en alguien espiritualmente audaz para la gloria de Dios, tu audacia sorprende a todo el mundo.

Esto es lo que yo quiero preguntarte: ¿Cuándo fue la última vez que alguien se sorprendió por tu audacia? ¿Cuándo fue la última vez que alguien se detuvo en seco porque quedó deshecho por tu discurso y tus acciones audaces? Ahora bien, ten en cuenta que no estoy hablando de esa clase de cristiano loco, extraño, cursi, con un millón de pegatinas en el parachoques de su coche y de testimonio preparado. No estoy hablando de ser audaz en el mal sentido del cristianismo televisivo, hecho para no gustar a nadie o que te ridiculicen. Estoy hablando de audacia con integridad. La clase de audacia donde servimos a la gente fielmente en el nombre de Jesús, donde se les alienta, donde vivimos de una manera que refleje la compasión de Cristo y la abnegación, donde otros te miran y dicen: «Hay algo diferente en esta persona». El tipo de audacia donde eres generoso con tu dinero, tu corazón y tu tiempo, donde eres siervo a tu manera en la vida de las personas y, por lo tanto, te has ganado el derecho a decir: «Realmente te amo, ¿puedo hablarte de mi Dios?».

TOQUE DE ATENCIÓN

Puede que leas esto y encogiéndote de hombros, pensando: «Pero yo no soy ese tipo de persona. ¿Realmente quiere Dios que yo actúe con audacia solo para demostrar que soy cristiano?». Lo que nos lleva a un punto muy importante. La audacia espiritual no es nuestra meta; conocer a Cristo es nuestro objetivo. La audacia no es más que un resultado de seguir a Jesús y vivir como él vivió, mostrando a otros el amor del Padre. La audacia espiritual viene de conocer a Cristo.

> La audacia espiritual viene de conocer a Cristo.

¿Recuerdas a nuestros amigos Pedro y Juan y su valiente postura ante el Sanedrín? Se nos dice que los miembros del consejo se sorprendieron porque eran hombres comunes y corrientes, pero también que reconocían a estos tipos que habían estado con Jesús. ¿Cómo podía ser que Pedro estuviera de pie frente al rostro de una posible muerte y declarar lo que dijo? Él conoció a Jesús. Podía ser valiente porque había estado con Jesús. Aquí está la clave: lo que tienes que recordar es esto: la audacia no es la clave; conocer a Jesús es la clave. Cuando se vive una vida de fe, cuando estás dirigido por el Espíritu, ves una oportunidad tras otra de ser audaz. ¿Por qué? Porque has pasado tiempo con Jesús. A medida que tu fe crece, también lo hace tu audacia. A medida que tu audacia crece, esto te lleva a resultados. Cuando ves resultados espirituales, ¿sabes qué? Pasas más tiempo con Jesús, y cuando pasas más tiempo con Jesús, ¿sabes qué? Obtienes más fe, y empiezas a hacer oraciones más grandes y ves la obra de Dios que conduce a la audacia, que entonces conduce a los resultados de la clase de Hechos, lo que lleva a más tiempo con Jesús. Y esto sigue y sigue y sigue.

El problema es que lo contrario es cierto también. Cuando no pasas tiempo con Jesús, no tienes mucha fe, lo que no proporciona audacia. Entonces no ves resultados, y no quieres pasar mucho tiempo con él, y entonces, bueno, ya lo sabes. Terminas viviendo según las cosas inferiores de este mundo, preguntándote por qué sientes vacío todo el tiempo. Terminas dejando que tu ego te lleve, en lugar de sacrificarlo en pos del ego sacrificado que solo Cristo quiere darte.

Hay mucho más por lo que Dios quiere servirse de ti para marcar una diferencia en este mundo. Tú estás aquí con un propósito, y Dios quiere despertarte. Considéralo una audaz llamada de atención.

¿Te acuerdas del chico del que te hablé en la ceremonia de entrega de premios? No era cristiano, pero me dio la mano y dijo que era lo más audaz que nunca había visto. Bueno, no volví a ver a ese tipo durante años, hasta hace poco, cuando me encontré con él. Le dije:

—¡Oye, tú eres el chico de la escuela! ¿Cómo te va?

Él dijo:

—¡Sí, me alegro de verte! Me va bien.

Miré hacia abajo y llevaba un brazalete WEIRD [RARO], que era parte de una serie que nuestra iglesia acababa de terminar. ¡No podía creer lo que veía! Le dije:

—¿Eres de los raros?

Y él dijo:

—¡Porque lo normal no funciona!

Los dos nos reímos, y yo dije:

—¡No lo puedo creer! ¿Cómo llegaste ahí?

Él dijo:

—Groeschel, me acuerdo de cuando en la escuela diste ese audaz discurso en la cena de entrega de premios. Quería creer que eras diferente porque sabía cómo eras, pero sinceramente pensaba que se te pasaría. Pensaba que era solo una cosa religiosa en la que estabas metido. —Hizo una pausa antes de continuar—. Sí, todos pensamos que se te pasaría. Pasaron unos años, y alguien me invitó a LifeChurch. Cuando entré y te vi allí, me asusté. Ahí estaba yo, después de tantos años, y escuché decir lo mismo de la misma manera, y me di cuenta de que no se te había pasado. Jesús te había cambiado de verdad, y como él te había cambiado, yo quería que me cambiara a mí.

Jesús te ama a ti y a mí lo suficiente para cambiarnos y usarnos para mostrar a los demás lo que él puede hacer. Te lo aseguro, tú puedes marcar una diferencia a medida que pasas tiempo con Jesús. Él va a hacer crecer tu fe y te dará audacia, y verás resultados que harán volar tu mente. Te desafío a ser más audaz de la mejor manera posible para hacer muchas cosas. Niégate a ser un cristiano poco entusiasta y tibio. Enamórate tanto de Dios que a todas partes donde vayas reboses de una audacia espiritual de amor y compasión que atraiga a la gente a la alegría de la vida en Cristo.

oraciones audaces

Ser un cristiano sin oración
no es más posible que vivir sin aire.
—Martin Luther King Jr.

Si conocieras a mi mamá, no te tomaría mucho tiempo reconocer que es una mujer increíble que no tiene miedo de decir lo que le pasa por la mente. Me gusta pensar en ello como el don espiritual del valor. Ella estuvo en el hospital hace varios años y a punto de que la operaran. Yo había ido para estar con ella y tranquilizarla y podría decir que estaba nerviosa. Me di cuenta de que ella se sintió aliviada cuando, unos minutos antes de la hora para entrar a la sala de operaciones, un capellán del hospital se detuvo y le preguntó si quería que orara con ella.

Mamá dijo:

—¡Estoy tan contenta de que esté aquí! ¡Sí, por favor, ore conmigo!

El capellán dijo:

—¿Cuál es su preferencia religiosa?

—Cristiana —dijo mi mamá.

—¿De qué denominación? —preguntó el capellán.

Y ella dijo:

—Bueno, realmente no tengo una denominación. Solo soy cristiana.

El capellán se mantuvo en calma y dijo:

—Para orar con usted, necesito saber su denominación específica. ¿En qué clase de iglesia creció?

Mamá y yo estábamos un poco confundidos. Ella dijo:

—Yo crecí en la iglesia metodista.

El capellán parecía contento de tener una respuesta y dijo:

—¡Perfecto! Deme un segundo. —Y sacó su pequeño libro de oraciones, consultó la tabla de contenidos, y encontró la oración metodista apropiada. Fue a la página donde estaba la oración y comenzó a leer—. Querido Dios, te pido...

—¡Espere, espere, espere! —interrumpió mamá—. ¿Podría alguien por favor quitarme este tipo de aquí e ir a buscarme a alguien que sepa cómo orar sus propias oraciones?

Yo me hubiera avergonzado de no estar tan ocupado riéndome.

ESPEJOS DE LA PALABRA

Ahora bien, no hay nada malo en hacer una oración tradicional impresa en un libro y que se considere apropiada para los metodistas (o bautistas, o quien sea). Pero creo que la reacción de mi madre fue encendida por su forma de entender la oración personal, con lenguaje coloquial y sincero de corazón de una persona hacia el oído de Dios. Desde este incidente con mamá, he aprendido que las oraciones son en realidad el alma de la fe del creyente.

También he aprendido que no hay mejor espejo para la teología de alguien que el contenido de sus oraciones. Lo que oras refleja lo que crees acerca de Dios. Lo que pides, o lo que no pides, refleja lo que crees acerca de quién es Dios, cómo es su carácter, y su disposición hacia nosotros, sus hijos. Es como si las palabras que usamos en nuestras oraciones fuesen como pedazos de cristal de un espejo, cada uno reflejando nuestras creencias acerca de lo que estamos abordando.

Lo que oras refleja lo que crees acerca de Dios.

Por ejemplo, si tú no oras en absoluto, entonces es probable que no creas en Dios o no creas que él responde a la oración. Si haces oraciones muy pequeñas todo el tiempo, es probable que en realidad no creas en un Dios que contesta las oraciones grandes. Si casi todas tus oraciones son para ti y para tu propio bienestar —«bendíceme, ayúdame, consuélame, quédate conmigo»—, entonces esto refleja la creencia de que Dios está ahí para servirte. Las personas que tienen esta creencia, ya sea que lo admitamos o no, a menudo terminan enojadas y disgustadas si Dios no da lo que le han pedido.

El lenguaje específico que utilizamos cuando oramos dice mucho también acerca de lo que creemos acerca de Dios. Por ejemplo, cuando alguien se enfrenta a una situación difícil y agota todas las posibilidades de resolver el problema por sí solo, éste dice: «¡Bueno, ahora lo único que podemos hacer es orar!». Si la oración para ti es el último recurso, esto refleja lo que crees acerca de Dios.

Puedes ver a Dios en el cielo diciendo: «¿Así que estás orando ahora? ¿Quieres decir que todo depende de mí? ¡Bueno, no hay presión! Muchas gracias por esperar hasta el último minuto, como si no tuviera un trillón de oraciones que responder antes del desayuno». No estoy tratando de ser irreverente, solo estoy tratando de ilustrar que lo que dices cuando oras refleja claramente lo que crees acerca de Dios.

Toma un momento ahora para pensar en lo que oraste la semana pasada. Si tu primer pensamiento es: «Vale, creo que realmente no oré por nada durante la semana pasada», entonces creo que esto habla por sí mismo. Si no puedes recordar lo que oraste, ¿qué dice eso acerca de tu creencia en Dios? ¿Tan fácil es de olvidar?

Tal vez estás diciendo: «Oh, sí, oré la semana pasada. He orado por esto, y luego por eso, y algo más sobre esto y algo de aquello». Mientras piensas sobre qué y quién oraste durante la semana pasada, te animo a anotar al menos tres o cuatro de tus peticiones. Ahora, al mirar por encima tu lista de oración, hazte esta pregunta: si Dios contestó sí a todas tus oraciones la semana pasada, si él milagrosamente te concedió todo lo que oraste, ¿qué cambiaría en el mundo hoy?

Piensa en ello. Si Dios respondió a todo por lo que oraste la semana pasada, ¿qué sería diferente en el mundo hoy? Lo más probable es que si oraste como la mayoría de la gente en nuestra cultura, las únicas cosas que serían diferentes estarían en tu entorno inmediato.

Por ejemplo, si eres una mujer soltera y oraste la semana pasada sobre tu deseo de casarte, entonces Dios te habría dado a un cristiano guapo y viril que ora por ti. O por lo menos un novio decente que asiste a la iglesia. O si estás casada y oraste para que tu esposo fuera un líder espiritual, genial... ahora es como el Billy Graham de tu barrio.

O dependiendo de tu particular petición, tu esposa sería más sensible, o tendrías un aumento en el trabajo, o estarías capacitado para recibir el préstamo sobre la casa que deseas, o tu abuela fue sanada de cáncer, o el matrimonio de un amigo que está roto ahora sería sólido.

Durante años, así es como yo oré. Aprendí de Amy, mi esposa, a realizar oraciones realmente grandes, porque te aseguro que si Dios respondiese a cada una de las oraciones que ella oró la semana pasada, las iglesias se desbordarían hoy de nuevos creyentes, porque ella ora para la evangelización de todo el mundo todos los días. Ella ora por el avivamiento en las iglesias. Ora para que los huérfanos sean adoptados por miles. Ora por los que están atrapados en el tráfico de personas para que sean puestos en libertad. Ella ora para que los adictos encuentren la única cosa que puede satisfacerles. Amy tiene oraciones muy, muy grandes, y he aprendido mucho con solo mirarla.

No importa lo que oramos la semana pasada, estoy convencido de que si queremos realmente marcar una gran diferencia en esta vida, tenemos que aprender a decir algunas oraciones muy audaces.

ORA COMO SI TE IMPORTARA

Recordarás que en el capítulo anterior nos fijamos en la vibrante imagen de la primera iglesia cristiana que se nos describe en el libro de los Hechos. Vimos cómo Pedro y Juan fueron predicando, enseñando y curando, todo en el nombre de Jesús, y vieron resultados increíbles. Pedro predicó con valentía y llamó a un grupo de personas generación corrupta, y luego dijo que se arrepintieran y fueran bautizados en el nombre de Jesús. Y milagrosamente, tres mil personas nacieron a la familia de Dios. Entonces, Pedro y Juan siguieron viajando y, en una puerta fuera del templo, llamada la Hermosa, se encontraron con un hombre que era paralítico desde hacía cuarenta años. Y valientemente dijeron: «Levántate y anda». Y así lo hizo.

Los líderes religiosos judíos, en un consejo llamado el Sanedrín, se molestaron porque estos hombres estaban fuera del sistema de mérito religioso que ellos controlaban. En consecuencia, arrestaron a Pedro y a Juan, los llevaron a juicio y les preguntaron: «¿De dónde obtuvisteis este tipo de poder y autoridad? ¿En nombre de quién hacéis estas cosas?».

Con toda la audacia del mundo, Pedro y Juan dijeron: «Vamos a decirlo claramente, estamos haciendo esto en el nombre de Jesucristo, el hombre al que crucificaron, pero a quien Dios resucitó de entre los muertos».

A los líderes religiosos les hubiera encantado mantenerlos en prisión, o incluso matarlos por lo que estaban haciendo. Pero como el cojo fue sanado, no podían arriesgarse a un disturbio público, ya que muchos habían visto el milagro. Contra sus deseos, tuvieron que liberar a Pedro y a Juan.

Aquí es donde retomamos nuestra lección de audacia. «Y puestos en libertad, vinieron a los suyos y contaron todo lo que los principales sacerdotes y los ancianos les habían dicho. Y ellos, habiéndolo oído, alzaron unánimes la voz a Dios, y dijeron: Soberano Señor, tú eres el Dios que hiciste el cielo y la tierra, el mar y todo lo que en ellos hay; y ahora, Señor, mira sus amenazas, y concede a tus siervos que con todo denuedo hablen tu palabra. Cuando hubieron orado, el lugar en que estaban congregados tembló; y todos fueron llenos del Espíritu Santo, y hablaban con denuedo la palabra de Dios» (Hch 4.23–24, 29, 31).

Si hubieran tenido miedo, Pedro y Juan podrían haber regresado a casa e informar: «¡Menos mal, estuvimos cerca! Nos amenazaron, así que no podemos hablar en nombre de Jesús otra vez». No, en cambio, su respuesta fue de un alto dinamismo, un culto de avivamiento a la antigua. «Habiéndolo oído, alzaron unánimes la voz a Dios». ¡Vaya, me encanta esta respuesta! Hay algo increíblemente poderoso cuando los creyentes se reúnen, especialmente frente la adversidad, y elevan sus corazones en oración a Dios.

Ahora voy a ser honesto: yo nunca soy el tipo que sale el primero al frente para una reunión de oración de siete horas. Lo siento, pero por mucho que ame a Dios y a los demás, simplemente no me gusta lo de estar allí y tomarnos de las manos, llorando y sorbiéndonos los mocos, y tomarnos de la mano un poco más y orando durante horas y horas. Llámame superficial si quieres, pero simplemente me hace sentir incómodo.

Fíjate en esto de tomarse de las manos. Tienes a gente a ambos lados, y nunca conoces el protocolo para agarrar de la mano. Tienes a un tipo alto a un lado y a uno bajo al otro, y entonces tratas de averiguar si entrelazar la mano o ahuecarla. Seamos sinceros, es francamente difícil.

Entonces, inevitablemente, tienes a compañeros de yugo desigual de la mano. Tienes al tipo de mano muerta, ya sabes, suave y sin vida. Vamos, amigo, despierta y dame algo. Y luego tienes la pinza ajustada que aprieta cada vez más hasta que pierdes toda la sensibilidad hasta el codo. Por último, solo por aclararlo: al final de la oración en grupo, cuando alguien por fin acaba con «en el nombre de Jesús, amen», solo un pequeño apretón rápido más y listo. No te atrevas a mantener la mano agarrada después de que todo el mundo haya abierto los ojos... es muy raro, y no en el buen sentido.

A pesar de que uno no se sienta del todo natural, hay algo increíble en orar con alguien más. Puede que no tenga mucha fe, pero cuando oigo a alguien orando, es casi como si trepara hasta lo alto de su fe, y luego orara y mi fe se edificara, y es como si juntos tuviéramos una fe exponencial, acumulativa.

Leemos en las Escrituras que hay poder cuando los creyentes se reúnen juntos ante Dios. Y esto es exactamente lo que estos creyentes estaban experimentando. Bajo una extraordinaria persecución, se reunieron en una sola voz con valentía y oraron a su Padre.

Comienzan dirigiéndose a él como «Señor Soberano», apuntando que son conscientes de su poder y autoridad no solo sobre ellos, sino sobre el Sanedrín, la ciudad, todo el mundo, y más allá. No es que Dios los necesitara para que le recordaran que él está al mando. No, estos creyentes se estaban poniendo en la posición correcta de adoración a un Dios santo. Es casi como si ellos se recordaran a sí mismos: «Dios, tú eres supremo sobre todo».

Entonces oran una de las peticiones más audaces nunca pronunciadas: vamos a orar por audacia. Vamos a pedirle a Dios que nos haga más audaces. En su oración, se refieren a las amenazas, y no sabemos específicamente de qué amenazas están hablando. Solo podemos suponer que fue la amenaza de ser golpeados, encarcelados y asesinados. Pero en lugar de pedir protección y seguridad y una fuerte defensa en contra de sus perseguidores, estos oraron: «Señor, concede a tus siervos el proclamar tu palabra sin temor alguno».

Bien, si observo esto como un espectador objetivo, probablemente estoy pensando: «¿No es la audacia lo que hizo que te arrestaran por primera vez?». Quiero decir, ¿se puede ser más audaz? Si fuera por mí, mi consejo sería que se calmaran un poco con el tema de Jesús por un tiempo. Dejar que las cosas se enfríen y luego retomarlo sosegado y con calma, y ver así quién es amigo y quién no.

Menos mal que no dependía de mí.

PRECIOS MÁS BAJOS, ORACIONES MÁS AUDACES

Permíteme preguntarte: ¿alguna vez has orado para que Dios *te hiciera* más audaz? Para la mayoría de nosotros, incluido yo mismo, esta es una oración radical, centrada en otros. La audacia no suele ayudarme o hacerme la vida más fácil. Por lo general, requiere más de mí de lo que yo me siento cómodo dando. La audacia es para beneficio de otra persona, para ayudarle a conocer el amor de Dios a través de Jesucristo. Cuando estamos acostumbrados a tener oraciones en su mayoría egocéntricas, con oradores centrados en sí mismos, puede ser muy inquietante orar por audacia. Y, sin embargo, si hemos de vivir nuestra verdadera identidad en Cristo, entonces debemos poner nuestro ego en el altar de su audacia.

Tal vez hayas escuchado el viejo dicho: «Ten cuidado con lo que deseas, porque podrías conseguirlo». Creo que es igualmente cierto cuando tenemos oraciones audaces. Hace poco experimenté esto de primera mano mientras continuaba tratando de vivir mi audacia. Estuve orando todos los días durante varias semanas para que Dios me hiciera audaz, únicamente para ver resultados de lo más inesperados.

> La audacia es para beneficio de otra persona, para ayudarle a conocer el amor de Dios a través de Jesucristo.

Amy y yo solíamos tener citas interesantes, pero con seis hijos y todas nuestras responsabilidades, el destino de nuestra cita nocturna es ahora la tienda de comestibles. No te sientas mal por nosotros. Todavía es romántico, ¡podemos incluso tontear en la sección de alimentos congelados! Así que un viernes por la noche, hace poco, fuimos a nuestro local de

Walmart y descubrí una nueva clase de amor que nunca había conocido antes. Se llama galletas Oreo triples con doble relleno. ¿Quién sabía que existía tal felicidad? ¡Gloria a Dios! Yo ni siquiera sabía que esa creación fuera posible. Pero tendría que haberlo sabido, porque con Dios todo es posible... ¡incluso el triple piso con doble relleno!

Así que estaba en Walmart, escondiendo discretamente una bolsa de mi nueva galleta más amada en el fondo de nuestro carro, cuando levanté la mirada y vi a un tipo que venía hacia mí. Amy seguía distraída buscando golosinas saludables (lo cual es un oxímoron, sigo diciéndole), así que sonreí y traté de parecer amistoso. Él dijo:

—¡Pastor Craig! Soy del LifeChurch Campus Sur de Tulsa! ¡Amigo, me alegro de verte!

Así que nos quedamos hablando un rato, y luego bajó la voz y se inclinó hacia mí.

—Tengo que ser sincero contigo. Estoy luchando con una adicción a la pornografía, y lo odio, pero no puedo parar. ¿Te importaría orar por mí?

Le dije:

—Por supuesto, voy a orar por ti. —Por lo general, cuando digo esto, significa: voy a orar por ti más tarde, pero sin pensar en ello, le espeté—: ¿Quieres orar ahora?

—¿Aquí? ¿En Walmart? —y el tipo me miró divertido.

Me encogí de hombros y dije:

—Oraré si quieres que lo haga.

Su rostro esbozó una enorme sonrisa y me dijo:

—¡Vamos a orar!

Y entonces puse mi mano sobre su hombro, porque no voy a tomar de la mano a otro hombre en Walmart aunque estemos orando, y oré por él y me mantuve en voz baja y le pedí a Dios que le diera la victoria en Cristo que ya era suya. Ni exorcismos ni dramatizaciones de televangelista. Ya sabes, una petición sincera y audaz ante Dios.

Mientras estaba terminando mi oración, en cierto momento levanté la cabeza y eché un vistazo... lo que es legal porque las Escrituras dicen: «velad y orad». Y vi a otra pareja acercarse a nuestro lado. Parecía un poco extraño, pero ¿quién soy yo para llamar a alguien extraño mientras estoy orando en Walmart? Así que concluí mi oración, le di la mano a mi nuevo amigo y le dije que se mantuviera fuerte y libre.

Mientras se alejaba, esta pareja se acercó a mí de inmediato y me dijo:

—Pastor Craig, nos dimos cuenta de que estaba orando. ¿Estaría dispuesto a orar por nosotros también? Nuestro matrimonio está en una verdadera lucha.

Les dije:

—¡Por supuesto!

Empezamos a orar, y luego, con Dios como testigo, otra señora se acercó y permaneció cerca de nosotros, esperando claramente su turno. Terminé mi oración por la pareja y les deseé bien, y después, volviéndome hacia la señora, le dije:

—¡Vamos allá! ¿A qué campus vas?

Ella me miró divertida y dijo:

—¿Qué es un campus?

—¿No eres tú de LifeChurch? —le dije.

—¿Qué es LifeChurch? Acabo de ver que orabas y me preguntaba si orarías por mí.

Estallé en una gran sonrisa y dije:

—¡Por supuesto! Vamos a orar.

Te lo aseguro, si oras pidiendo audacia, es mejor que tengas cuidado o acabarás orando junto a la comida para gatos en

Walmart. De hecho, te reto a hacerlo, te reto el doble, te reto el triple como el triple piso de doble relleno de Oreo. Te reto a pedirle a Dios que te utilice hoy en las vidas de otras personas.

Oremos: «Señor, úsame hoy, úsame para tu gloria, hazme audaz, despiértame y dame ojos para ver las necesidades de las personas con las que trabajo, dame un corazón sensible a aquellos que están sufriendo, dame un impulso del Espíritu para servir a los que están a mi alrededor». Ora y verás cómo Dios va a hacer algo en ti, y te avivará con audacia para su gloria.

MÁS GRANDE, AUN MEJOR, MÁS AUDAZ

Dios quiere usarnos en más lugares aparte de nuestro local de Walmart. Yo creo que él se deleita en usarnos para facilitar su poder en situaciones aparentemente imposibles. Si volvemos al ejemplo de Pedro, Juan y los primeros creyentes en el libro de Hechos, veremos que no solo pidieron audacia. Ellos oraron por el poder de realizar milagros: «Mientras extiendes tu mano para que se hagan sanidades y señales y prodigios mediante el nombre de tu santo Hijo Jesús» (Hch 4.30).

Hacen oraciones grandes y audaces: curar a los enfermos, resucitar a los muertos, predicar ante miles, esa clase de oraciones. ¿Quieres marcar una diferencia grande y audaz en este mundo? Entonces eleva oraciones grandes y audaces. Recuerda que lo que pides refleja lo que crees acerca de Dios. Si tienes oraciones pequeñas, entonces estás creyendo en un Dios pequeño.

> ¿Quieres marcar una diferencia grande y audaz en este mundo? Entonces eleva oraciones grandes y audaces.

Me temo que la mayoría de las veces, la mayoría de nosotros

hacemos oraciones pequeñas. «Querido Dios, gracias por este día. Gracias por este día. Gracias por este día». Me pregunto si Dios alguna vez piensa: «Me has agradecido cada día de los últimos cuarenta y tres años. Ya lo tengo claro». O cuántas veces oramos: «Dios quédate con nosotros; Señor quédate con nosotros». Dios está como: «Ya te prometí que lo haría, así que lo haré. Yo nunca te dejaré. Nunca te abandonaré. Trato hecho». O «Danos hoy misericordia para este viaje». Lo que siempre me hace pensar que Dios piensa: «Ponte el cinturón de seguridad, conduce al límite de velocidad, y es muy posible que llegues seguro allí». En cambio, yo creo que Dios quiere que le pidamos lo imposible: «¡Pídeme algo difícil! Pídeme algo que sea tan grande que cuando suceda, todo el mundo sepa que lo hice yo».

Hace años, mi pastor Nick Harris nos estaba impartiendo un estudio bíblico al equipo acerca de orar por cosas grandes. Después de oírle una semana, me fui a dar clases a un campamento juvenil, animado por la enseñanza de Nick, listo para hacer mi propia enseñanza audaz. El campamento estaba lleno de un buen grupo de niños cristianos fervientes, junto a algunos curiosos. Sin embargo, había un chico que obviamente no creía nada de lo que le decía. Tenía las manos en los bolsillos, se dejó caer en su silla, malhumorado todo el tiempo, con el fruncido ceño a punto de estallarle en la cara.

Después de terminar la clase, este chico se me acercó y dijo: «No lo entiendo, no lo puedo creer, y no lo creo, así que me voy de aquí». Él quería asegurarse de que yo sabía lo que sentía realmente. Le dije: «¡Espera, espera, espera! Vamos a hablar. Entiendo que no lo entiendas, pero vamos a hablar de ello. Es obvio que estás sufriendo. ¿Qué te pasa?».

Empezó a abrirse y compartió que tenía un montón de problemas dolorosos con su padre. Cuanto más escuchaba, más sentía que Dios quería que yo orara por él, así que le pregunté si le importaba.

Él dijo:

—Puede orar, pero no va a hacer ningún bien. Mucha gente ha orado por mí, y nada ha cambiado.

Le dije:

—Está bien. —Mi mente y mi corazón iban a mil. Yo estaba haciendo una doble oración (puedes hacer eso cuando eres pastor). Justo cuando estaba a punto de orar por él, silenciosamente oré: «Dios, ¿qué puedo decir?».

En ese momento, me sentí obligado por Dios a hacer algo que nunca había hecho antes y que nunca he hecho desde entonces. Es la única vez en mi vida que he hecho esto. Miré a este chico y oré:

—Dios, te pido en el nombre de tu Hijo Jesús que te reveles a él ahora.

Cuando terminé de orar, el niño abrió los ojos, y comenzó a temblar. No estoy bromeando. Me miró y dijo: «¡Creo que Dios está en mí! ¡Creo que Dios está en mí!».

Di un paso atrás muy amplio porque no sabía lo que estaba a punto de pasar. Este chico, que solo segundos antes no creía en Dios, se derrumbó y cayó al suelo y gritó: «Dios está en mí!». Me arrodillé y puse mi brazo alrededor de él, y él lloraba y oraba, y cuando se levantó, era un joven diferente. Era diferente porque alguien creyó que Dios podía hacer lo que Dios decía.

Ora con audacia, ora con audacia, ora con audacia. Ora. Con. Audacia.

Dirás: «Bueno, ¿y si no sucede? ¿Por qué hay tanta gente que no tiene oraciones audaces?».

Teniendo en cuenta que nuestras oraciones reflejan nuestra creencia en Dios, creo que algunas personas piensan: «Pues bien, no quiero decepcionarme si le pido a Dios por algo y no me lo da». Otros dicen: «Lo he intentado antes; no funcionó». O esta, que me encanta: «No quiero hacer quedar mal a Dios». Así que le damos a Dios estas pequeñas escapadas, como «si es tu voluntad» o «según tus propósitos».

Déjame decirte, aquí desde donde estoy, y me refiero a esto de la forma más sincera y seria que puedo expresar. No tengo miedo de pedir a Dios cualquier cosa en cualquier momento y en cualquier lugar, porque he visto hacer cosas inexplicables en términos humanos. Ahora bien, ¿esto significa que Dios siempre lo hace? ¡No! ¡No! No, por supuesto que no. En el Antiguo Testamento, vemos que Josué oró y el sol se detuvo. Pero a veces oras para que el sol se detenga, y el sol se pone. Estoy convencido, sin embargo, de que la misma audacia que se requiere para pedir a Dios por las cosas grandes se puede sostener si dice que no. Mi fe en Dios es lo suficientemente grande que le puedo pedir cualquier cosa, y mi fe puede soportar que Dios diga que no. Mi fe puede sobrellevarlo porque él es el Dios soberano; él es quien controla; él es el que sabe.

PRESENTARSE Y MOSTRARSE

Hay una maravillosa pareja de nuestra iglesia: Kevin y Amanda. A los veintinueve años, Kevin tuvo un aneurisma cerebral, que por lo general resulta en muerte inmediata. Pues vivió. Nadie en nuestra comunidad médica local quería operarle, solo había dos médicos en nuestro país que lo harían. Así que Kevin viajó a San Francisco para una cirugía cerebral.

Le operaron, y luego pasó el mes siguiente en la UCI. Le tomó más de un año aprender a hablar, caminar y comer por su cuenta. Luego pasó a tener una vida normal y saludable. Sin embargo, años más tarde, se encontraron con otro aneurisma. Te puedes imaginar lo devastador que debió ser. Pero aquí está la parte increíble de su historia. Kevin y Amanda, sus amigos y la familia de la iglesia, todos oraron la oración más audaz que sabían: que Dios quitara el aneurisma y Kevin sanara completamente. ¡Y eso es lo que hizo Dios! Los médicos estaban desconcertados y no veían ninguna razón científica para su desaparición; sin embargo, se había ido, sin lugar a dudas.

Dios se presentó y Dios se mostró. Y obtendrá toda la gloria. Si Dios no contesta nuestras oraciones de la forma en que pensamos que debería, sigue siendo Dios, y no debilita nuestra fe, porque creemos que él es el Creador soberano del universo, y vamos a tener oraciones audaces, porque lo que pedimos refleja lo que creemos acerca de nuestro buen Dios.

Ora por milagros. No seas un cristiano de nombre, sino llénate de la fe en que todo es posible con nuestro Dios. Sé más audaz de lo que podrías imaginar. Ora lo imposible. Es muy fácil decir oraciones suaves, seguras y estériles. Pero cuando crucificamos nuestras dudas y vivimos en la seguridad de lo que Dios es, no podemos dejar de hacer oraciones audaces. Nuestro altar ego construye una fe audaz con un Dios sorprendentemente audaz.

Padre, te pido que, en tu presencia, me lleves a una fe verdadera, profunda y creciente en ti. Tú me conoces demasiado bien. Yo soy de los que hacen oraciones pequeñas, o las oraciones más egoístas, y tengo muchas ganas de hacer algunas oraciones audaces. Quiero creer en las cosas grandes. Quiero pedirlo para reflejar lo que creo en ti. Y quiero vivir en la verdad de que eres todopoderoso, omnipresente, omnisciente. Sinceramente, creo que todas las cosas son posibles para ti. Te pido audacia para poder marcar una diferencia valiente para tu reino. En el nombre de tu Hijo, amén.

palabras audaces

Di lo que tengas que decir.

—John Mayer

Vivo en una zona del país donde hay un montón de serpientes venenosas, especialmente las cabeza de cobre. Si me conoces un poco, enseguida sabrás que odio, odio, odio, *odio* con todas mis fuerzas a las serpientes venenosas. No me gusta la forma en que van deslizándose y reptando entre los arbustos, escondiéndose debajo de las piedras, y tomando el sol al lado de un arroyo o un lago como si estuvieran de vacaciones. Odio todo acerca de ellas. No solo las odio porque son astutas, viles, malvadas y engañosas, las odio porque son peligrosas. A mi vecina le picó una y su pierna se hinchó hasta alcanzar el tamaño de su cintura, y chico, era desagradable. He visto infinidad de animales domésticos y ganado muerto por el veneno de serpientes letales, incluyendo a una de las mascotas favoritas de nuestra familia, y no tengo intención de dejar que eso suceda con mi esposa o con uno de mis hijos.

Así que cada año mato a varias cabeza de cobre cuando se acercan a mi casa o a mis hijos. Cada vez que veo una retorciéndose, reptando con sus manchas de esmeralda, marrón y oro, tomo una pala y con el poder del Espíritu Santo en mí, corto la cabeza de la serpiente. Entonces agarro el resto de su cuerpo y lo cuelgo en un árbol en nuestro patio. No pueden decir que no aviso, porque mando un mensaje muy claro al resto de serpientes: ¡Groeschel va en serio! Si hiciera una cartera de piel de serpiente o un cinturón cada vez que mato a una, podría abrir una tienda en el centro comercial.

De vez en cuando saco una foto y la *twitteo* o la pongo en mi página de Facebook por si acaso hay serpientes conocedoras de la tecnología. Por lo general la respuesta, sin embargo, es de parte de los naturalistas más políticamente correctos que me gritan para que no siga matando serpientes ya que son una de las creaciones de Dios, restauran el equilibrio del medio ambiente porque comen roedores, bla, bla, bla. Ten en cuenta que cuando envíes un mensaje recordándome que vivimos en un mundo tan patético y políticamente correcto en el que no queremos hacer daño a una serpiente venenosa que podría morder a mi hijo de ocho años, la próxima vez la guardaré en una bolsa y la llevaré a tu casa para que pueda darle cariño y alimentarla.

EL SILENCIO ES MORTAL

Esta mentalidad de no ofender a nadie en ninguna circunstancia ha rebosado también en la iglesia. Cada vez más oigo a cristianos diciendo cosas como: «Bueno, no quiero molestar a nadie, así que trato de no hablar demasiado directamente acerca de mi fe». Por lo tanto, una actitud común en la iglesia de hoy es que para ser buenos testigos, debemos dejar que nuestras acciones hablen por nosotros. No me malinterpreten, es un gran punto para comenzar, porque las cosas como son, queremos que nuestras vidas reflejen a Cristo. Pero hay momentos en los que no podemos permitir que nuestras vidas hablen por nosotros, también debemos usar nuestras palabras para dar testimonio con valentía. Piénsalo de esta manera. Si vienes a mi casa y decidimos ir a dar un pequeño paseo fuera, y de repente veo una víbora (su defensa es mezclarse, y mis ojos están hábilmente entrenados para verlas, mientras que tú probablemente no encuentres una), tengo un dilema. Si hay una serpiente en la hierba justo en el borde de nuestro camino, solo tengo que dar unos pasos para alejarme de ese lugar. De esta manera, dejo que mis acciones sean un testimonio; si estás prestando atención, quizá camines hacia mí y te apartes de la serpiente.

Pero puede que no te des cuenta, y si pisas a la serpiente, vas a sentirte muy triste y probablemente no vuelvas a mi casa otra vez. En lugar de limitarme a dejar que mi vida sea un testimonio, una respuesta más amorosa en este caso sería gritar: «¡Serpiente!». Tienes que escuchar palabras audaces en un momento así para evitar el peligro. Luego, por supuesto, podríamos tomar una pala y decapitarla juntos, colgar su cuerpo sin vida en un árbol, y publicar una foto en nuestras páginas de Facebook.

Sí, hay un tiempo para que tu vida sea un testimonio. También hay veces en que tienes que hablar con audacia para mantener a la gente fuera de peligro y llevarlos a una forma de vida mejor.

A medida que exploramos lo que significa sacrificar nuestro ego para vivir con nuestros altar egos, hemos visto que nuestra verdadera naturaleza es la de actuar con valentía, ya que la audacia es una conducta que nace de una creencia. Del mismo modo, estoy convencido de que hablamos con audacia acerca de lo que creemos en lo profundo. Volviendo a la iglesia primitiva, una y otra vez vemos que los cristianos no solo se comportan con valentía sino que también hablan con audacia. Después de que

Saulo, el perseguidor de los discípulos de Jesús, se convirtiera en Pablo, el apóstol para todas las personas, se nos dice que él «estaba con ellos en Jerusalén; y entraba y salía, y hablaba denodadamente en el nombre del Señor» (Hch 9.28–29).

> Hablamos con audacia acerca de lo que creemos en lo profundo.

Después de que Saulo se uniera a su colega Bernabé, continuaron haciendo más de lo mismo. «Se detuvieron allí mucho tiempo, hablando con denuedo, confiados en el Señor» (Hch 14.3). Y como hemos visto en el capítulo anterior, siendo creyentes ante una extraordinaria persecución por sus creencias, ellos oraban pidiendo aun más audacia. Como resultado, «fueron llenos del Espíritu Santo, y hablaban con denuedo la palabra de Dios» (Hch 4.31).

¿Por qué? Porque hablamos con audacia acerca de lo que creemos en lo profundo.

VER ES CREER

Cuando nos comportamos con audacia y hablamos con intrepidez como resultado de las oraciones audaces, entonces la participación de Dios es innegable. Incluso los líderes judíos del Sanedrín que querían atrapar a Pedro y a Juan por la curación en el nombre de Jesús no podían negar que algo milagroso había ocurrido. Ellos fueron arrinconados por la conciencia pública de que el hombre que había sido cojo desde hacía cuarenta años estaba ahora bailando el Electric Slide. Como no podían negar el milagro, pero se oponían al crecimiento del interés en Jesús y su supuesta resurrección, los líderes estaban fuera de sí sin saber qué hacer con Pedro y Juan. «¿Qué haremos con estos hombres? Porque de cierto, señal manifiesta ha sido hecha por ellos, notoria a todos los que moran en Jerusalén, y no lo podemos negar» (Hch 4.16). ¿No te encanta? Básicamente decían: «No lo creemos, pero no lo podemos negar. No lo entendemos, pero no podemos pasarlo por alto». Me encanta cuando Dios hace algo que es tan obviamente sobrenatural que el mundo no tiene más remedio que mirar y decir: «Realmente no lo creo y no lo entiendo, pero, chico, no lo puedo negar».

Confieso que por mucho que trate de permanecer consciente de la presencia poderosa de Dios en toda situación, a veces mi duda racional, impulsada por el ego, se cruza en el camino. Recuerdo cuando mi hija mayor, Catie, que tenía tres o cuatro años, se metió en la hiedra venenosa y se cubrió de pies a cabeza con un horrible sarpullido rojo y con comezón. La llevamos al doctor y dijo que era uno de los peores casos de hiedra venenosa que había visto. Nos dio una pomada especial para tratarla, pero dijo: «Van a ser varios días sin otra cosa que dolor para ella, así que prepárense».

Cuando llegamos a casa, la pequeña Catie dijo:

—Bueno, yo voy a orar y a pedirle a Jesús que me cure. No quiero esperar toda la semana.

Al ser el gran hombre de fe que soy, le dije:

—Oh, nena, eres tan bonita. ¡Qué idea tan dulce! Pero ya oíste lo que dijo el doctor.

Ella me miró divertida y se puso las manos en las caderas.

—Papá, no me importa lo que dijo el doctor. ¡Voy a orar! —cerró los ojos y juntó las manos y dijo—: Jesús, te pido que me sanes por la mañana.

Su padre el pastor dijo:

—Ahora bien, Catie, puede que no suceda. Así que no te desanimes si, ya sabes...

Y básicamente traté de disuadirla de su fe, que es como yo pensaba que estaba protegiendo su ingenuidad.

Ella solo me sonrió y se fue corriendo a jugar.

A la mañana siguiente, Amy y yo estábamos profundamente dormidos cuando Catie entró saltando en nuestra habitación a las 5:00 am y encendió todas las luces.

—Cariño, ¿qué estás haciendo? —le dije.

Nos miró con ojos soñolientos y vimos que se había quitado el pijama y llevaba nada más que su ropa interior de Barney. Saltando en el borde de la cama, rebotó un par de veces y dijo:

—Mamá y papá... ¡tacháaan!

Estaba tratando de recordar qué día era y averiguar lo que en el mundo de Catie estaba ocurriendo. Amy se dio la vuelta y dijo:

—¿Qué estás haciendo? ¡Apaga las luces, niña desnuda!

Catie saltó más alto y más fuerte, diciendo:

—¡No, no, no! ¡Tachán!

Y ahí fue cuando Amy y yo nos dimos cuenta al mismo tiempo. La erupción que la cubría había desaparecido. Mi primer pensamiento fue: «No lo creo, pero no puedo negarlo. Fue, oró, y se le ha quitado».

Tal vez hayas experimentado algo similar en tu vida. Otros miraban y decían: «No lo entendemos, no lo creemos del todo, pero no lo podemos negar. Algo ha cambiado». Tal vez estabas luchando con tu matrimonio, y luego tu esposo se encontró con Jesús en un momento radical, y ahora está llevando su matrimonio y su familia a un nuevo lugar. En lugar del silencio helado, ahora son como los recién casados —todo sentimientos— en su grupo de parejas del estudio bíblico. Todo el mundo mira a los demás y levanta las cejas, susurrando: «No lo entiendo, pero no puedo negarlo, se odiaban, y ahora se abrazan durante el estudio bíblico. ¡Quiero decir, algo ha tenido que pasar!».

Tal vez tu hijo o hija adolescente estaba metido en todo tipo de cosas malas, y ahora ha experimentado un cambio radical a través de su relación con Cristo. De la noche a la mañana asiste al grupo de jóvenes, dirige un estudio bíblico y toca en un grupo de alabanza, y estás asombrado. No lo entiendes, pero no puedes negar que un cambio importante ha sucedido. Tal vez eras adicto, o estuviste esclavizado, o tenías miedo, y algo sucedió dentro de ti y no eres el mismo. Y otras personas miran y dicen: «¿Qué ha pasado? No lo puedo entender, pero no lo voy a negar. Algo ha cambiado».

DIFUNDE LA PALABRA

Los líderes religiosos confrontados con la curación Pedro y Juan en el nombre de Jesús no podían negarlo, y no sabían qué hacer con ello. Pero sabían que sería un desastre si este tipo de cosas se propagaban. Dijeron: «Para que no se divulgue más entre el pueblo, amenacémosles para que no hablen de aquí en adelante a hombre alguno en este nombre. Y llamándolos, les intimaron que en ninguna manera hablasen ni enseñasen en el nombre de Jesús» (Hch 4.17–18).

Ten en cuenta que estos líderes religiosos ni siquiera pronunciaban el nombre de Jesús; decidieron advertir a Pedro y a Juan para que no hablaran a nadie en «este nombre». Otro punto importante aquí es que les *ordenó* no hablar ni enseñar acerca de Jesús. Se entendía que una desobediencia a este mandato llevaba consigo la amenaza de castigo… la pena de prisión, por lo menos. No era una sugerencia amistosa: «Te voy a dejar ir con una advertencia, pero por favor no lo hagas otra vez». No, era una promesa de dolor si Pedro y Juan seguían hablando acerca de Jesús.

Pero estoy seguro de que sabes que nada pararía a estos tipos. «Mas Pedro y Juan respondieron diciéndoles: Juzgad si es justo delante de Dios obedecer a vosotros antes que a Dios; porque no podemos dejar de decir lo que hemos visto y oído» (Hch 4.19-20). Puesto que creían profundamente, iban a tener que hablar con valentía. Las dos palabras en griego traducidas aquí como «no podemos» básicamente significan que «no es posible».

Esta frase transmitía un sentido de convicción tanto firme como poderoso frente al mandato de los líderes judíos. Básicamente, Pedro y Juan decían: «Es necesario que lo entiendan, nos pueden amenazar, pero aún seguiremos hablando. Pueden derrotarnos, pero hablaremos más alto. Pueden matarnos, pero la última palabra que digamos será el nombre de Jesús, porque cuando has visto lo que hemos visto y has oído lo que hemos oído, solo puedes decirlo. ¡Es así de bueno! Si vieran las personas que éramos y las personas que somos ahora, si vieran los pecados que él ha perdonado, tendrían que hablar de ello. Si vieran los milagros que hemos visto, no serían capaces de contenerse».

Cuando estás entusiasmado con algo, hablas de ello. Cuando ves una gran película, quieres decirles a tus amigos que vayan a verla. Si se trataba de una película para chicos, les dirías: «Sí, y todos los camiones explotaban antes del gran tiroteo. ¡Fue increíble! Tienen que verla». O si es una película para chicas y se la estás contando a tu gran amiga del alma, le dirías: «Tienes que verla. ¡Es tan romántica! Él entraba en la habitación y decía: "Tenía que saludarte"».

Si vas a un restaurante y tienen una comida increíble y un servicio impresionante, entonces no puedes esperar para decirle a los demás lo buena que fue su experiencia. Quieres ir allí y disfrutar de la misma clase de experiencia. Cuando escuchas una canción genial en la radio, deseas que tus amigos, tu cónyuge o hijos la escuchen. A menos que sea una canción de Justin Bieber, porque entonces cambias de emisora. (Era broma. Me gusta su canción «Never Say Never».)

Cuando experimentas algo tan poderoso, tan relevante para la vida como el amor de Dios y el don de Cristo, entonces estás obligado a contárselo a los demás. Y ningún poder en la tierra puede evitar que hables la verdad con audacia para que todos lo oigan.

HABLÁNDOTE A TI MISMO

Es posible que no te sientas audaz con las palabras. Tus inseguridades te mantienen callado, tímido y reservado. Pero a medida que llegas a conocer a Cristo y te conviertes en lo que se supone que eres, simplemente no te puedes detener. Creo que hay cuatro áreas en las que Dios quiere que hables de tu testimonio y no solo que lo vivas. Estas son las áreas en las que hablas con valentía porque crees y confías muy firmemente en ellas. La primera es la siguiente: porque creo profundamente, hay veces en las que tengo que hablarme con valentía a mí mismo.

> Porque creo profundamente, hay veces en las que tengo que hablarme con valentía a mí mismo.

Esto es lo que hizo David, tal como vemos en 1 Samuel 30.6. David se angustió mucho, porque el pueblo hablaba de apedrearlo, así que se fortaleció en Jehová su Dios. Me encanta: ¡se predicó un sermón a sí mismo! Fortaleció su fe recordándose a sí mismo la verdad. Se habló con denuedo a sí mismo.

No sabemos lo que dijo. Tal vez: «Recuerdo el momento en que Dios me dio fuerzas para matar al león, y al tigre, y al oso, ¡oh!». O podría haber dicho: «Recuerdo cuando Dios me dio fe para pelear con el gigante, cuando todo el mundo decía que era demasiado grande para vencerlo. ¡Yo dije que era demasiado grande para fallar y lo dejé echo pedazos!». Tal vez se dijo: «He pasado por cosas difíciles antes, y Dios me protegió y me vio a través de ellas».

Cuando nos decimos la verdad, tanto sobre la Palabra de Dios como de los acontecimientos en nuestras vidas en que la intervención de Dios fue innegable, usamos el poder de las palabras valientes para aumentar nuestra fe. Tengo un amigo que luchó con pensamientos lujuriosos por décadas y no podía superar el problema. Entonces comenzó a predicarse a sí mismo todos los días. Se decía a sí mismo la verdad acerca de quién era, de quién es Dios, y qué mujeres le ayudaron a romper esa fortaleza. La Palabra de Dios renovó su mente, y de repente un día se despertó y dijo: «Ya no estoy luchando con la lujuria». ¿Qué hizo? Se predicó con valentía camino a la victoria en su vida.

Tú puedes hacer lo mismo. Si nunca te has predicado un sermón a ti mismo, es hora de que lo intentes. La próxima vez que estés abrumado con demasiadas cosas que hacer, solo di: «Sí, tengo bebés por todas partes, pañales y platos y tareas domésticas, pero puedo hacer todas las cosas en Cristo que me fortalece». Si te sientes superado en tu negocio, con mucho que hacer y no hay tiempo suficiente para hacerlo todo, simplemente di: «Cuando soy débil, él es fuerte. No es por mi poder o por mis fuerzas, sino que es por su Espíritu, dice el Señor».

Cuando tengas miedo, solo di a ti mismo: «Dios no me ha dado un espíritu de miedo, sino de poder, de amor y de dominio propio». Cuando estés preocupado, únicamente predica la

Palabra de Dios para ti. «No te inquietes por nada, porque en toda oración y ruego, voy a presentar mi solicitud a Dios, y voy a dejar que la paz de Dios, que supera todo mi entendimiento, guarde mi corazón y mi alma en Cristo Jesús».

Debido a que crees tan profundamente, tienes el poder para darte ánimos recordándote a ti mismo la verdad de Dios.

DOS PÁJAROS DE UNA ORACIÓN

El segundo ámbito de hablar con valentía nos desplaza de nosotros mismos a los demás: porque creo profundamente, no puedo dejar de animarte. Creo con todo mi corazón que el cuerpo de Cristo, nosotros, como cristianos, debemos ser el pueblo más alentador en el planeta tierra. Las Escrituras no pueden ser más claras sobre este principio: «Exhortaos los unos a los otros cada día» (Heb 3.13). Todos los días, siempre que existan días, debes animar a otros con la Palabra de Dios.

Nunca sabes cómo tu ánimo puede cambiar la vida de alguien. Hace años, cuando era un pastor asociado en una iglesia metodista, estaba a cargo del ministerio de adultos solteros, y no había ido muy bien. Promovía los eventos de solteros en la iglesia con tanta vehemencia y agresividad que algunos miembros de nuestra junta se reunieron y dijeron: «Craig está fuera de control. Debería ser despedido por tratar de convertir nuestra iglesia en poco más que un club de solteros».

> Porque creo profundamente, no puedo dejar de animarte.

En ese momento, yo solo estaba tratando de conseguir que alguien se animara. Pero cuando miro atrás, creo que tenían razón al pedirme que me calmara. Debido a que yo había sido tan agresivo en la promoción de nuestro ministerio de solteros, la junta de la iglesia me prohibió hacer cualquier tipo de anuncio en los servicios de adoración. Sin embargo, un domingo se me asignó la oración durante el servicio pastoral y pensé que podría matar dos pájaros de una oración, por así decirlo.

«Querido Dios en el cielo, —me puse en pie y oré—: te doy las gracias porque esta noche de viernes a las 7:00 de la tarde, los adultos solteros de toda la ciudad van a venir a nuestra iglesia, junto a la puerta este, y porque todos, oh Dios, traerán diez dólares para cubrir su pizza y su bolera. Yo oro en el nombre de Jesús para que se inscriban con su tarjeta de comunicación para dejar a los niños a cargo de la guardería y, Dios, te doy las gracias porque vamos a ver un avivamiento esta noche del viernes a las 7:00 junto a la puerta este, ya que los adultos solteros de toda la ciudad descienden a este lugar. En el nombre de Jesús, amén».

Sí, probablemente debería haber sido despedido, ¡porque realmente hice eso! Cuando mi oración montó el lío, y los miembros del consejo dijeron: «Craig, no estamos seguros de que puedas seguir trabajando aquí», me sentí más que desanimado. Me fui a casa y le dije a Amy: «Tal vez debería dejarlo. Tal vez no soy lo suficientemente bueno. Tal vez me perdí en todo este asunto de Dios».

Nunca olvidaré lo que sucedió después. Amy me miró y habló con denuedo la palabra de Dios: «No te canses de hacer el bien. ¡Porque en el momento adecuado cosecharás si no te rindes! Craig Groeschel, no me casé con un desertor, ¡me casé con un terminador! Y terminarás lo que Dios te ha llamado a hacer».

Y todavía estoy en el ministerio, porque alguien me animó a seguir adelante. Y quiero animarte, porque lo mismo es verdad para ti. No abandones. No te canses de hacer el bien, porque a su debido tiempo y en la época adecuada, cosecharás, si no desmayas. No te rindas en tu matrimonio. No renuncies a tu sueño. No te rindas en la visión que Dios te ha dado. No te rindas en el ministerio que sabes que está enterrado profundamente dentro de tu corazón. Y por supuesto, no te des por vencido con Dios, porque Dios nunca renunciará a ti.

CORRIGE

El tercer ámbito sobre el que Dios nos llama a hablar con denuedo es quizás el más difícil: porque creo profundamente, no puedo dejar de corregirte con amor. Ten en cuenta que he dicho «con amor» No hablo del uso de la Palabra de Dios o de sus normas como una licencia para juzgar a los demás y ser un cretino. No alces un gran cartel de «¡Van a ir al infierno!» pensando que estás corrigiendo amorosamente a otros. Eso no es audaz; es estúpido.

No vayas a casa como uno de esos maridos idiotas que sacan su Biblia como una espada y cortan a su esposa con ella: «¡Cállate, mujer! ¡No puedes hablar; te tienes que someter a mí!». No, eso es abuso, ¡eso no es corregir bíblicamente! Cuando alguien se sale de la Palabra de Dios y tú le amas demasiado como para permitir que se quede así, entonces eres llamado a confrontarlo con la verdad en el amor. No seas una de esas esposas absurdas que regañan a su marido para que sea un mejor líder espiritual y luego critica todos los movimientos que hace con un versículo de la Biblia en la parte superior.

> **Porque creo profundamente, no puedo dejar de corregirte con amor.**

No, al corregir a alguien en el amor, ha de quedar claro que no somos mejores. Se deja claro que realmente se les ama y que es tu amor el que te motiva, no tu recto ego. Quieres lo mejor para tus hermanos y hermanas en Cristo, y guardar silencio mientras se están alejando de Dios equivale a guardar silencio cuando hay una serpiente bajo sus pies.

Tal vez tu mejor amiga siempre está diciendo cosas malas de su marido. «No es un líder espiritual, no tiene iniciativa, bla, bla, bla». Tal vez necesitas decir: «¿Sabes qué? Te amo y me preocupo por tu matrimonio tanto como para no dejarte que sigas hablando de él sin pensar en lo Dios quiere que sea. Nunca se convertirá en el hombre de Dios que Dios quiere si sigues poniéndole zancadillas. Te conozco lo suficientemente bien como para saber que quieres hablar de vida, de amor, de ánimos, y no voy a dejarte que hables más basura. Te amo demasiado como para dejar que lo destruyas».

Podría ser que todos en tu círculo de amigos sepan que uno de vosotros es adicto (a las drogas, al alcohol, a la pornografía, al trabajo) y, sin embargo, nadie tenga la fortaleza espiritual para mirar a esta persona a los ojos y decirle la verdad. Pero debido a que amas demasiado a esta persona como para dejarlo abandonado a su adicción, vas a decirle cariñosamente la verdad acerca de su comportamiento adictivo. Vas a plantarte en su camino y decirle: «No estoy aquí como alguien que es mejor que tú, sino como alguien que te ama. No te voy a dejar caer en una espiral, voy a ayudarte a conseguir ayuda. Voy a estar contigo, y juntos vamos a acabar con esta adicción. Te amo demasiado como para dejar que te hagas daño».

Podría ser que uno de tus amigos esté dejando a su esposa para perseguir a alguna jovencita, y ya sabes lo que debes hacer si te importa algo. Vas a plantarte delante, porque nadie más lo hará, y le vas a decir: «Oye, voy a ser el mejor amigo que has tenido, y es posible que desees pegarme y me odies, y está bien.

Pero yo estaba allí el día que dijiste "sí, quiero" ante Dios y te comprometiste a amar a tu esposa como Cristo ama fielmente a la iglesia. No voy a dejar que juegues con esta serpiente venenosa de la tentación, porque Satanás es un mentiroso, y lo que está persiguiendo es destruir tu vida. Ya estás volviendo a tu casa, sé un hombre de Dios, ama a tu mujer, y sé un padre para sus hijos. No vas a dejar que otro hombre críe a tus hijos, y yo tampoco. Te amo demasiado».

Palabras fuertes, lo sé. ¿Y por qué dirías algo así? No porque seas mejor, sino porque crees profundamente. Y cuando uno cree profundamente, tiene que hablar con valentía.

LA AUDACIA ES PROFUNDA

El cuarto ámbito sobre el que Dios nos invita a hablar con denuedo puede que sea mi favorito: porque creo profundamente, no puedo dejar de llevarte hacia Cristo.

«No puedo evitarlo». Esto es lo que los discípulos dijeron. Pueden golpearnos, nos pueden encerrar, pueden amenazar con matarnos, pero no podemos dejar de decir lo que hemos visto y oído. No podemos evitarlo, vamos a hacerlo, y no pueden cambiar nuestra opinión. Nunca, nunca va a desaparecer. Es parte de lo que soy en lo más profundo de mi ser. No puedo *no* hablarte de quien significa todo para mí.

> Porque creo profundamente, no puedo dejar de llevarte hacia Cristo.

Otros pastores me suelen preguntan: «Craig, ¿siempre, cada vez que predicas, semana tras semana, invitas a la gente a volverse de sus pecados y seguir a Cristo?». Y mi respuesta es siempre la misma: «¡Abso-loca-mente! Lo hago cada vez, cada semana». ¿Por qué? Porque yo crecí en una iglesia, pero no comprendía la esencia del evangelio. Tuve conocimiento intelectual de Dios, pero no una relación de corazón con Dios. Y esto es lo que hay que entender. Cuando ves lo que he visto, y cuando has oído lo que he oído, no se puede estar tranquilo al respecto. Si supieras en cuánta porquería he estado, y si tuvieras idea de cuánto me ha perdonado Dios, y lo mucho que me ha transformado de un hombre enojado, amargado, infiel y mentiroso en, solo por su gracia, un hombre de Dios, entonces te darías cuenta de que tengo que hablar de este Dios, de este Jesús, de su amor que ha cambiado radicalmente mi vida.

Pedirme que guarde silencio sobre la parte más importante de mi vida... por qué, también podrías pedir al sol que deje de brillar o a las aves que dejen de cantar, a la lluvia que deje de caer o a las flores que dejen de florecer. Mientras haya aliento en mi cuerpo, nada va a evitar que hable sobre el Jesús que me salvó y me hizo nuevo.

Este es el trato, si no hablas con valentía, tal vez es porque no crees profundamente. Porque cuando uno cree profundamente, te lo aseguro, no se puede vivir para las cosas más bajas del mundo. No puedes ser como el resto del mundo que se vende a las cosas materiales. Hay algo en ti; tienes que marcar una diferencia.

No vas a depender solo de tus acciones para que testifiquen de aquel a quien más amas. A veces hay una gran oportunidad que no puedes guardarte; solo tienes que decir quién es él, lo que ha hecho. No puedes dejar de hablar de lo que has visto. Habla con audacia de lo que crees profundamente.

obediencia audaz

No hay justificación sin santificación,
no hay perdón sin renovación de la vida,
no hay fe verdadera de la que no crezcan los frutos
de la nueva obediencia.
—Martín Lutero

Cuando me convertí en cristiano, a los veinte años de edad y aún en la universidad, fui a la iglesia un domingo y recibí una inesperada lección de economía. Yo estaba adorando, cantando y me puse a mirar al otro lado del pasillo un par de filas más allá cuando me fijé en una determinada mujer que estaba al final del banco. Parecía mayor, o tal vez solo fatigada y cansada, y me di cuenta de que ella estaba teniendo un momento difícil. Al final de la adoración, Dios me había puesto una carga por ella, así que oré por ella varias veces. Entonces sentí que Dios me dijo: «Dale todo el dinero que tengas en la cartera».

Nunca me había pasado algo así antes, así que me pregunté: «¿Es realmente Dios o simplemente se trata de la pizza gigante que me comí anoche a las 2:00 de la madrugada quien me está golpeando?». Entonces pensé: «Tal vez sea Satanás. Espera un minuto. ¿Por qué se me tienta a ser generoso con un completo extraño?». Mientras mi mente intentaba procesar algo que era de origen sobrenatural, finalmente me dije: «Bueno, voy a darle el dinero, pero ¿cuánto tengo?». Comprobando mi billetera, vi un billete de cinco dólares, y quedé a la vez aliviado y molesto. «¡Eso es estúpido! ¿Cuánto bien le va a hacer un billete de cinco dólares?». Al mismo tiempo, era estudiante universitario y cinco dólares suponían mi siguiente comida.

Seguí luchando con la sensación de que Dios quería que yo hiciera esto, pero no desapareció. Así que, finalmente, me acerqué a ella y le dije: «Disculpe, señora. Lo siento, sé que esto es un poco raro, y no es mucho, pero es todo lo que tengo, y sentía que tenía que darle esto». Le entregué el billete de cinco dólares. ¿Estaría ofendida? ¿Molesta? ¿Se sentiría humillada?

Ella se quedó allí un momento, contemplando el dinero en mi mano, y entonces me miró y, finalmente, levantó las manos y dijo: «¡Gracias, Dios mío!».

Yo pensé: «¿Se está burlando de mí? ¿Cuál es el truco? ¿Dios lo ha multiplicado en mi mano y cambiado la imagen de Abe Lincoln por la de Ben Franklin? ¿Qué está pasando?». Comencé a alejarme, avergonzado por lo incómodo que me sentía por mi intento de obediencia irracional.

Antes de que pudiera dar más de dos pasos, la mujer me retuvo y me dijo:

—¡No, espera! ¡Tienes que escuchar esto!

Entre lágrimas, dijo:

—Soy una madre soltera y estoy sin dinero, y no me pagan hasta el próximo miércoles. Cuando miré el indicador de combustible en mi coche hoy, quería ir a la iglesia, pero solo tenía combustible suficiente para llegar hasta aquí y no para llegar a casa. Entonces oré: «Dios, ¿qué debo hacer?», y sentí que Dios me dijo: «Ve a la iglesia y confía en que llegarás a casa». Y Dios ha contestado mi oración y cubrió mi necesidad. ¡Gracias!

—¡Vaya! ¡Eso es... eso es increíble! —le dije mientras me alejaba sonriendo.

Mientras me dirigía hacia el estacionamiento de la iglesia, un tipo que conocía se acercó y me dijo:

—Oye, ¿quieres ir a comer?

Negué con la cabeza.

—No, lo siento... no puedo.

Mi dinero para el almuerzo es ahora el dinero para gasolina de otro. Pero estaba bien.

Mi amigo sonrió.

—¡Yo invito!

—¡Pues venga! —dije.

Y así es como conseguí un almuerzo de ocho dólares por un billete de cinco dólares. No, ese no era mi objetivo, pero creo que así es como Dios trabaja a menudo. Cuando le obedeces y bendices a alguien, a menudo usará la bendición de otra persona para desbordarte y bendecirte. Creo que los cristianos tienden a percibir la obediencia a Dios como una prueba diseñada únicamente para ver si realmente estamos comprometidos con él. Pero, ¿y si está diseñado como una manera que Dios tiene de darnos lo que es mejor para nosotros?

ENRAIZADO EN EL AMOR

Algunos cristianos parecen ver la obediencia como una bola con cadena que les impide hacer las cosas que realmente les gusta hacer. En cambio, creo que la verdadera obediencia fluye de nuestra pasión por Dios, cediéndole a él con amor nuestro proceso de toma de decisiones. La obediencia no es una cuestión de cumplir reglas y hacer lo correcto, eso es legalismo y una participación sin corazón en un sistema meritorio. Eso es vivir de acuerdo con nuestros egos, tratando de ganarnos el favor de Dios para que podamos sentirnos con aire de arrogante suficiencia.

La obediencia audaz se basa en el amor y nos permite experimentar la presencia de Dios de una manera nueva y muy real. Como en cualquier relación, se trata de comunicación y cooperación. Dios siempre nos habla y nos pide que respondamos a las inspiraciones de su Espíritu y las enseñanzas de su Palabra. Esto es vivir con nuestros altar egos, sacrificando aquello a lo que estamos tentados de aferrarnos, a fin de abarcar todo lo que Dios tiene para nosotros.

Esto lo vemos en la iglesia cristiana primitiva, esas pequeñas comunidades de creyentes que se reunían en casas y en lugares secretos. Recordarás que en los últimos capítulos hemos visto a Pedro, Juan, y los seguidores de Jesús hacer algunas cosas bastante atrevidas, a pesar de la oposición creciente.

En primer lugar, todos estaban predicando acerca de Cristo, a pesar de quedar claro que los líderes judíos, el Sanedrín, no querían escuchar nada que tuviese que ver con la así llamada resurrección de su alborotador archienemigo, Jesús. Pero esto no desalentó a Pedro y a Juan ni un poco. Curaron a un cojo, paralizado durante cuarenta años, en el nombre de Jesús, y esto asustó de verdad a los líderes religiosos.

Ahora los dirigentes estaban en un aprieto porque todo el mundo sabía que el chico que estaba cojo había sido sanado. En consecuencia, el cristianismo se extendía mientras los discípulos predicaban valientemente, echaban fuera demonios, y oraban a Dios por los milagros. El Sanedrín sintió la presión de acabar con ello antes de que se saliera de control, si es que no se les había ido de las manos ya.

No es sorprendente que la Biblia explique que estos líderes estaban celosos de los discípulos. «Entonces levantándose el sumo sacerdote y todos los que estaban con él, esto es, la secta de los saduceos, se llenaron de celos; y echaron mano a los apóstoles y los pusieron en la cárcel pública. Mas un ángel del Señor, abriendo de noche las puertas de la cárcel y sacándolos, dijo: Id, y puestos en pie en el templo, anunciad al pueblo todas las palabras de esta vida» (Hch 5.17–20).

A CONTRAPELO

A partir de la experiencia de estos primeros cristianos, podemos ver tres principios sobre las consecuencias de la obediencia audaz. La primera puede parecer obvia, pero a menudo impide que muchos de nosotros demos el cien por cien al obedecer a Dios: la obediencia audaz generalmente desencadena oposición. A pesar de que Pedro, Juan y compañía ya habían sido arrestados anteriormente por estos líderes molestos, continuaron haciendo lo que Dios les pidió que hicieran: predicar y enseñar acerca de Jesús en público. No debe sorprendernos que esto les hiciera caer entre rejas otra vez.

> La obediencia audaz generalmente desencadena oposición.

Muchos cristianos hoy creen que su obediencia es el pago inicial del programa de recompensas de Dios. Piensan que si son obedientes a Dios, él les «debe» un estatus de élite, con el carnet VIP de orador frecuente, libre de tiempos dolorosos o difíciles. Y lo confieso, he sido culpable de este mismo modo de pensar.

Por ejemplo, hace tiempo, cuando iba conduciendo tarde a la iglesia, me pasé un poco del límite de velocidad tratando de recuperar el tiempo perdido. Cuando miré por el espejo retrovisor y vi las luces azules centelleantes, rápidamente oré: «Dios, por favor, permíteme que me deje ir con un aviso, porque soy tu siervo fiel en mi manera de predicar. En el nombre de Jesús te lo pido». Ahora resulta gracioso, pero todavía estoy un poco avergonzado por cómo comparé un aviso por exceso de velocidad con el tipo de experiencia de persecución de los primeros cristianos, así como las cosas que tantos creyentes de todo el mundo experimentan en la actualidad.

¿Has tenido este tipo de pensamiento espiritualmente justificado? «Estoy obedeciendo a Dios, así que debería estar casado con una belleza de mujer a la que le encante la Biblia». O: «Estoy obedeciendo a Dios la mayor parte del tiempo, así que nuestros hijos nunca tendrían que ponerse enfermos». Y: «Debería obtener un sobresaliente en mi examen de álgebra, porque he leído la Biblia hoy». Y: «Mi equipo de fútbol debería seguir invicto este año, porque soy un cristiano fuerte». Y: «He trabajado duro y he sido obediente a Dios, por lo que debería obtener un reembolso de mis impuestos este año».

Suena un poco a: «Santa Claus, he sido un niño bueno este año, así que será mejor que me traigas lo que estoy pidiendo». La realidad es que cuando obedecemos a Dios con valentía, nos enfrentaremos a oposición. La obediencia audaz no es para débiles. Si no estás listo para hacer frente a la oposición por tu obediencia, no estás listo para ser usado por Dios. Cuando obedeces a Dios, viene oposición. En lugar de navegar en calma, es posible que tengas que nadar río arriba en aguas revueltas. En lugar de deslizarte, puede que tengas que ir contracorriente.

En mi vida, déjame decirte, todas las veces —*todas y cada una de las veces*— que Dios ha usado mi obediencia de manera significativa para avanzar su reino, ha habido una gran oposición.

Cuando empezamos la iglesia, pensé que la mayoría de los cristianos que conocía estarían como: «Oh, alabado sea Dios, ¡este pastor joven está empezando una nueva iglesia! ¿Cómo podemos orar por ti?».

¿Sabes lo que pasé? La gente me miraba como si estuviera diciendo que iba a construir el arca en el desierto. «¿Una iglesia? ¿Por qué estás comenzando una iglesia? Tenemos un montón de iglesias. ¿Qué hay de malo en la iglesia que hay un poco más abajo en esta calle? ¿No es lo suficientemente buena para ti? ¿Quién te crees que eres para ir y empezar una nueva iglesia cuando no hay nada malo con las que ya tenemos?». Oposición.

A medida que nuestra iglesia crecía y teníamos que rechazar a la gente debido a las limitaciones de tamaño y los códigos contra incendios, nos pusimos manos a la obra para añadir otra ubicación (algo que no se había hecho antes, que supiéramos). «¿Otra iglesia en otro lugar? ¿*Dos* lugares? ¿Qué estás tratando de hacer? ¿Es algo así como alcanzar a la gente para Cristo? ¡Vamos, vuelve a la realidad!». Y luego, cuando comenzamos a utilizar la tecnología: «¡Eso es una locura! Esa cosa del predicador en la pantalla... ¿quién quiere ver a un predicador en una pantalla de video? Es la cosa más tonta de la que he oído hablar».

Y luego, cuando empezamos la iglesia en línea: «¿Qué? ¡No se puede tener a la iglesia por Internet! La iglesia son personas, no ordenadores. ¡Eso es ridículo!». Y entonces, empezamos a repartir Biblias en dispositivos móviles de todo el mundo. (Ahora vamos por un promedio de más de cuatro millones de descargas al mes.) Algunas personas dijeron: «¡No puedes hacer eso! La Biblia es un libro, no una aplicación. No se puede leer la Palabra de Dios desde el teléfono, ¡por amor de Dios! Tiene que tener encuadernación de cuero y los filos dorados. Todo el mundo lo sabe».

Cada acto significativo de obediencia conlleva una oposición tremenda. Así que si quieres obedecer confiadamente a Dios, entonces hay que poner en su calendario: ¡la oposición se acerca! Pero no te preocupes cuando te encuentres con oposición para obedecer a Dios. La preocupación es cuando no tienes oposición, porque probablemente no estás obedeciendo a Dios.

No sé lo que va a ser para ti. Puede que estés enfermo y lleno de deudas, y por fin escuchas a Dios pidiendo que conviertas tus finanzas en una prioridad, y dices: «Estoy harto de eso. No quiero una soga financiera alrededor de mi cuello. Vamos a salir de la deuda». Al orar sobre esto, Dios puede llevarte a cometer una locura. Podrías terminar conduciendo un viejo cacharro en lugar de arrendarlo o tomar un préstamo para un coche nuevo. Tal vez acabes reducido a una casa más pequeña, y todo el mundo diga: «¿Qué estás haciendo? ¡No hagas eso! Quédate con nosotros. Mantente con una deuda. ¡Eso es lo que hacemos! Compramos algo más grande. Compramos más de lo que podemos pagar. ¡Pide prestado!».

Si obedeces a Dios, vas a obtener resistencia. Es posible que seas llamado a hacer algo contracultural en la forma de criar a tus hijos. Tal vez no los apuntes en una liga de deportes que juega los domingos. Dios puede pedirte que envíes un mensaje a tus hijos, entre otros, que la adoración a Dios es más importante que el deporte. «Pero si no pones a la pequeña Brittany en la lista de viaje para la liga de gimnasia cuando tiene cinco años, ¿cómo va a portar alguna vez la bandera del equipo?». Sin lugar a dudas, enfrentarás oposición al seguir el camino de Dios.

Tal vez seas soltera y has empezado a sentirte como un imán para los idiotas: cada tipo con el que te citas resulta ser uno.

Así que en lugar de sentirse desesperada por encontrar un novio y deprimida por todos los idiotas que te encuentres, sientes que Dios te pide simplemente que disfrutes de estar a solas con él por un tiempo. Luego, cuando tus amigas te llamen y quieran que te reúnas con ellas en el bar, no lo van a entender. «¿Qué? ¿Te estás volviendo monja o algo así? ¡Vamos, es solo una copa! ¡Va a haber un montón de hombres allí!». Te lo aseguro, cuando obedeces a Dios, hay oposición. No te preocupes cuando la haya; preocúpate cuando no.

> Cuando obedeces, puedes esperar que Dios te enseñe y trabaje sobrenaturalmente.

NUESTRO DIOS LLUEVE

Sí, puedes esperar oposición cuando obedeces audazmente a Dios, pero también puedes esperar que él aparezca de maneras asombrosas. Cuando obedeces con audacia, te sorprenderá con soluciones, respuestas y provisiones que parecen imposibles. El segundo principio importante que vemos a partir de los primeros cristianos es que, al obedecer con valentía, a menudo se liberan los milagros de Dios. Cuando obedeces, puedes esperar que Dios te enseñe y trabaje sobrenaturalmente.

Y suele ser sin mucha fanfarria. Me encanta la manera en que Lucas, el autor de Hechos, presenta el gran rescate del ángel: «Un ángel del Señor, abriendo de noche las puertas de la cárcel y sacándolos» (Hch 5.19). Ni una gran introducción expectante, ni embellecimiento emocional, ni efecto dramático. Únicamente el hecho, el estilo «esto es lo que pasó» de estos textos. Nada más que un informe.

Ahora, seamos honestos. Si tú o yo viéramos un ángel, y encima uno viniendo a sacarnos de la casa, estaríamos sobreimpresionados: «¡No vas a creerte esto! Este ángel, que medía, no sé, por lo menos tres metros de altura, y tenía esa túnica de un blanco cegador. Y vino un sonido de susurro como el viento soplando. Y tenía una *enorme* espada con la que podría matar a un elefante. Bueno, pues él entró...» y así sucesivamente. Estaríamos dando vueltas por la celda de la cárcel con nuestras mandíbulas en el suelo, suplicando: «¿Puedo hacerme una foto con usted, Sr. Ángel?». Y ya sabes lo que estaríamos *twitteando*.

¿Por qué no nos da Lucas una descripción espectacular? Porque cuando obedeces a Dios, no te sorprendes por los milagros de Dios. Cuando entras en la obediencia a Dios, no nos sorprende cuando llega y hace algo sobrenatural. Ten en cuenta que no se trata del modo de pensar de «Señor, me debes» del que estábamos hablando. Ellos estaban en la cárcel, después de todo. Pero en medio de una mala situación, Dios envió un ángel para liberarlos.

Cuando andamos en obediencia a Dios, no debemos sorprendernos cuando Dios aparece. No deberíamos, pero a menudo lo hacemos. He compartido varios acontecimientos milagrosos que he tenido el privilegio de experimentar. Pero aún me sorprendo cuando Dios hace algo estupendo. Recientemente, después de oírme predicar acerca de las oraciones audaces, mi hijo Sam, que tiene doce años, dijo: «Papá, vamos a pedirle a Dios con audacia que llueva».

Piensa que en ese momento atravesábamos uno de los veranos más calientes registrados en el estado de Oklahoma. Habíamos pasado cincuenta días consecutivos con temperaturas que superaban los 37° C, incluso llegando a los 45° C. Parecía que no había llovido desde 2003. Y ahí estaba mi hijo, totalmente emocionado, diciendo: «Solo tenemos que pedirle a Dios algo de lluvia», como si él hubiera sido el primero en pensar en la idea.

Así que asentí con la cabeza a Sam, saqué mi teléfono y abrí la aplicación del tiempo. El pronóstico de diez días mostraba un cero por ciento de probabilidades de lluvia, con calor sofocante. Traté de asegurar:

—Oye Sambo, ¡esa es una oración verdaderamente audaz! Pero tú sabes que Dios sabe lo mejor, y puede que no tenga ánimos para hacer llover todavía.

Sam dijo:

—¡Papá! Dijiste que oráramos con *audacia*.

Tocado. Así que le dije:

—Sí, sí, sí, vale, vale, ya lo sé, ¡pero una pizca de rogar por la lluvia y algunas otras cosas también!

Oramos juntos, y al final, Sam dijo:

—Dios, sé que se supone que no ocurrirá, pero yo creo que puedes hacer que llueva.

Esto fue en domingo.

Al día siguiente, lunes, estaba sentado en mi oficina, y escuché un sonido retumbante vagamente familiar. Al principio pensé que era un avión volando más bajo de lo normal, pero entonces el ruido se hizo más fuerte y sonó como esa cosa tremenda que recuerdo se llamaba trueno. Me lancé al exterior y, por supuesto, se estaba formando una tormenta. Mientras miraba hacia arriba, unas gotas grandes como canicas de vidrio comenzaron a caer del cielo. Me reí y grité:

—¡La lluvia, cariño, la lluvia!

Corrí hacia el interior y llamé a Sam.

—¡Eh, mira fuera... está lloviendo!

Él dijo:

—Claro, papá... ¡le pedimos a Dios que lo hiciera!

FE IMPAGABLE

La tercera lección importante que se desprende de la experiencia de los discípulos es que la obediencia audaz siempre requiere fe. Sin fe es imposible agradar a Dios. Cada vez que él te pide que hagas algo, va a requerir fe obedecerle.

> La obediencia audaz siempre requiere fe.

¿Por dónde empezamos? Para mí, la línea de salida es obedecer la Palabra de Dios. La Biblia dice que la Palabra de Dios es lámpara a nuestros pies. ¿Qué significa eso? Si se trata de una luz que brilla sobre nuestros pies, podemos ser capaces de ver el siguiente paso, tal vez dos, pero no cinco, o veinte, porque es una lámpara a nuestros pies, no un reflector en nuestro futuro. Si obedecemos paso a paso, ¿adivinas qué? La luz nos da el siguiente paso o dos, y si obedecemos, Dios continúa revelando y le obedecemos un paso a la vez. Nosotros hacemos lo siguiente y luego lo siguiente, aunque puede que no sepamos adónde vamos exactamente o dónde vamos a terminar. Solo sabemos que Dios nos guía.

Hace poco entré en uno de los capítulos sobre la fe más importantes de mi vida. Después de ayunar durante veintiún días, buscando la dirección de Dios para nuestra iglesia, entendí que él quería llegar a más gente construyendo cinco nuevas iglesias. Ahora bien, en caso de que no lo sepas, la última cosa que me entusiasma del ministerio es la construcción de grandes estructuras, recintos elaborados, y megaoficinas. El cuerpo de Cristo tiene huesos, no ladrillos.

Pero también sé que los edificios ofrecen buenos lugares para que la iglesia se reúna, aprenda y crezca. Así que se me ocurrió un plan audaz y se lo describí a nuestra iglesia. La versión corta es que nos gustaría construir dos edificios permanentes para los campus que se habían reunido en las escuelas. Empezaríamos dos flamantes campus en nuevas ciudades. Y añadiríamos un edificio para niños en otro lugar. Y aquí estaba el factor decisivo: «Vamos a hacer estos cinco edificios, que Dios ha puesto en mi corazón, ¡y los pagaremos todos con dinero en efectivo!».

Todo el mundo en la iglesia parecía emocionado, pero eran lo suficientemente prácticos para hacerse la pregunta obvia del millón de dólares: «¿Cómo vamos a hacer eso?». Les dije:

—Sinceramente, no he encontrado la manera, pero creo que Dios hará que suceda.

Cuando llegué a casa de la iglesia, Amy me dijo:

—¡Nunca has hecho nada como esto antes! Ha sido audaz —hizo una pausa y preguntó—: ¿Cuánto va a costar?

—No tengo ni idea todavía —le dije—. Ni siquiera he pensado en cómo organizarlo.

Amy dijo:

—¡Tú eres el planificador! Será mejor ponerse a trabajar y averiguar cuánto va a costar.

Así que lo hice. Con lápiz y papel en mano, me puse a pensar: «Este edificio, ¿de acuerdo que muchos millones de dólares. Y éste... sumamos... iguales... van cinco. Y luego el otro, bueno, a ver cuánto... y esto hace... ¡oh, vaya!». El número de la línea de abajo, te lo aseguro, iba más allá de lo imposible. Basándome en todo lo que sabía, física, literal y económicamente, era imposible.

Naturalmente, empecé a dudar. Apenas podía verlo. Después de quince buenos años con mi integridad intacta, los miembros de la iglesia me iban a llevar detrás de nuestro edificio y me apedrearían con bloques de cemento por ser un falso profeta. Este tipo de meta era una locura. Mis dudas comenzaron a devorar mi convicción.

Como he dicho antes, sin embargo, Dios se deleita en usar para su reino a gente con pocas probabilidades de hacer cosas imposibles. Confiando en él y en su gracia y su disposición, estoy aquí para decirte que Dios lo hizo. Él nos habilitó para pagar en efectivo todos los edificios en un año sin eventos para recaudar fondos, prendas, lavados de coches, o venta de pasteles. ¡Dios es así de bueno!

Con Dios, todas las cosas son posibles. Al obedecer con audacia, te enfrentarás a la oposición, y necesitarás fe, y tu fe a menudo se encontrará con los milagros de Dios.

Mientras lees esto, Dios puede llevarte a comenzar un pequeño grupo en tu hogar. Y estarás pensando: «¿Cómo?». Va a requerir fe.

O puedes sentirte llamado a iniciar un ministerio, o un negocio, o una nueva dirección para tu familia. O puedes ser una sola persona, y sientes que Dios te llama a pedirle a otra persona realmente única de tu grupo que toméis de nuevo un café. Y tal vez se desarrolle una amistad, y Dios instaure una relación, y lo siguiente que sabes es que estás casado y habéis pensado para el nombre de vuestro primer hijo «Craig». (Por ese individuo loco que te lanzó la bola del desafío de obedecer a Dios y vivir por fe.)

Escucha la voz de Dios. Vive por fe. Aprende a esperar lo inesperado.

PROTECTORES DE VIDA

Siempre que Dios te impulse, tú le obedeces por completo e inmediatamente, no importa lo que pase. La obediencia audaz no espera o especula. Después de que el ángel liberara a los discípulos de la cárcel, se nos dice: «Entraron de mañana en el templo, y enseñaban» (Hch 5.21).

¿No te encanta? ¡Al amanecer! Fíjate en lo que no hicieron: no se hicieron esperar; no se lo pensaron y oraron un rato más y decidieron tener un gran desayuno en Denny's y deambularon hacia el templo después de terminar su café. Obedecieron plenamente y con prontitud. Debemos darnos cuenta de que la verdadera obediencia es total y oportuna. La obediencia retardada es desobediencia. La obediencia parcial es desobediencia.

Si es grande, obedece. Si parece pequeño e insignificante, aun así obedece. Lo que parece trivial y sin importancia para nosotros, en realidad puede ser lo determinante en el alcance de lo que Dios está haciendo. Lo comprendí hace poco, cuando Amy y yo estábamos en Hawai. Yo estaba enseñando en un evento de liderazgo allí (alguien tiene que sacrificarse y ayudar a las personas a aprender acerca de Dios) y estábamos ocupadísimos los cuatro días, prácticamente sin tiempo para relajarnos y disfrutar de la belleza de las islas.

Al final, mis responsabilidades terminaron y Amy y yo paseamos hasta la playa para relajarnos. Llevábamos allí unos treinta segundos cuando de repente Dios me puso una carga por un amigo mío que sabía que estaba pasando por un mal momento. Después de unos minutos, dije:

—Amy, lo siento mucho, sé que ha sido una semana dedicada al ministerio, pero creo que tengo que llamar a este chico.

Ella dijo:

—¿Tú crees que Dios quiere que lo hagas?

Le dije:

—Sí.

Ella dijo:

—¿A qué estás esperando? ¡Llámalo!

Así que marqué su número y de inmediato me di cuenta de que me había olvidado de la diferencia de husos horarios, y que sería casi medianoche donde estaba. Después de varios tonos, mi amigo contestó y dijo:

—¿Por qué me llamas ahora?

Le pedí disculpas.

—Lo siento, me olvidé de la diferencia horaria. Solo quería contactar contigo.

> La obediencia retardada es desobediencia. La obediencia parcial es desobediencia.

Hizo una pausa y dijo:

—¿Por qué ahora? —su voz sonaba temblorosa y nerviosa.

—Sentía que tenía que ponerme al día. Siento que sea tarde, pero me sentía como...

Y él dijo:

—¡No! ¿Por qué *ahora*?

—Bueno, la verdad, Dios realmente te puso en mi corazón —y entonces me di cuenta. Dije tranquilamente—: Estás pensando en quitarte la vida en este momento, ¿verdad?

Silencio. Luego dijo en voz baja:

—Sí.

—¿Llevas un arma encima? —le dije.

—Sí.

—Baja el arma, porque es obvio que Dios cuida de ti lo suficiente como para que te llame en el momento perfecto. Vas a salir por la puerta, ir a la casa de tu vecino... no me importa qué hora sea... vas a tocar el timbre de la puerta, y te vas a quedar allí esta noche. ¿De acuerdo?

Él vaciló, y yo dije:

—¿No te parece que Dios se preocupa por ti tanto que yo tenía que llamar en el momento justo?

Él dijo:

—Sí, por supuesto.

Eso fue hace un par de años, y mi amigo ha superado todos sus problemas y es innegable que ahora está completamente entregado a Dios. Ninguno de nosotros puede negar la participación directa de Dios en la salvación y la protección de su vida, y en el crecimiento y la profundización de su fe. Cuando vivimos por fe, la vida que salvemos puede ser la nuestra. No es que podemos salvarnos a nosotros mismos, solo Dios puede hacer eso, por supuesto. Pero podemos descubrir quiénes somos en realidad y lo que significa vivir de verdad.

Cuando Dios te impulsa, incluso si no tiene sentido, obedece de inmediato y por completo. Respondemos a una autoridad superior que puede desafiar lo que parece lógico, previsible y normal desde nuestra perspectiva humana. Cuando Pedro y Juan fueron una vez más ante los líderes judíos (por tercera vez, si llevas la cuenta), pusieron bien clara su responsabilidad divina. «¿No os mandamos estrictamente que no enseñaseis en ese nombre? Y ahora habéis llenado a Jerusalén de vuestra doctrina, y queréis echar sobre nosotros la sangre de ese hombre. Respondiendo Pedro y los apóstoles, dijeron: Es necesario obedecer a Dios antes que a los hombres» (Hch 5.28–29).

Actuamos con valentía basándonos en lo que creemos profundamente. Obedecemos valientemente cuando confiamos en Dios por completo. No es una opción, un accesorio subjetivo de tu fe; es un ingrediente principal, una necesidad. Cuando te sientes tan enamorado de Dios, no importa lo que piensen los demás, lo que alguien más diga, lo tonto que te haga aparentar, o lo extraño que pueda parecer ante los estándares de cualquier otro.

Si quieres dejar tu ego a un lado y vivir según tu altar ego, entonces debes ser un siervo de Cristo. Sabes que no importa lo que digan los demás, no pueden detenerte. Podrán amenazarte, intimidarte, golpearte, encerrarte, pero tu fe no vacilará. ¿Por qué? Pues porque debes obedecer a Dios antes que a las personas. Ya no eres quien pensabas que eras. Ahora eres el que estás destinado a ser.

Oro para que Dios selle esta verdad en lo profundo de tu corazón. Espero que aceptes tu verdadera identidad y vivas en ella. Que tu comprensión de Dios sea diferente. Verás que cuando pasas tiempo con Dios, eso conduce a la fe, lo que lleva a la audacia, lo que conduce a resultados, lo que trae más deseo por él, y más fe y audacia y mayor gloria a nuestro Padre.

Haznos, oh Dios, enamorarnos de tu Hijo, hasta el punto de que el mundo se sorprenda por nuestra audacia, y tome nota de que hemos estado con Jesús.

presentación final

*Todo nuevo comienzo viene
del final de algún otro comienzo.*

—Séneca

Sucedió de nuevo hace un mes. Alguien de la universidad vino a LifeChurch y se detuvo a hablar conmigo después del culto. Con una mirada de incertidumbre en su rostro, una mujer de mi edad carraspeó un poco y dijo:

—No lo eres... no puede ser... no hay manera de que seas el Craig Groeschel con el que fui a la universidad. ¡Él era el tipo más salvaje del campus! No puedes ser él.

—En realidad, tienes razón —le dije, tratando de no romper a reír—. Yo no soy ese tipo. Ese tipo murió hace años.

Ella miró sorprendida, más bien un poco confundida.

—Así es, hace casi veinticuatro años —expliqué—. Di mi vida a Cristo y el viejo Craig Groeschel murió —la mujer asintió con la cabeza, siguiendo lo que decía. Como Pablo indicó en las Escrituras, le dije—: Yo fui crucificado con Cristo, y sin embargo vivo todavía. Pero ya no es el viejo Craig el que vive, sino que ahora es Cristo quien vive en mí.

La mujer sonrió, claramente intrigada de que sea y no sea el Craig Groeschel que había conocido tantos años atrás. Como ya he compartido contigo a lo largo de este libro, yo no tengo una doble personalidad o un alter ego. El mío es un altar ego. Mi vieja vida está en el altar, crucificada con Cristo. Mi nueva vida es suya. Cristo en mí. Y la única razón por la que no sigo todavía actuando como lo hacía en la universidad es a causa de Jesús. Yo no soy el que era. Yo soy el que Dios me hizo ser.

IMAGEN DE UN ESPEJO

Si te acuerdas, al inicio del libro confesé el momento en que me miré a los ojos en el espejo y, finalmente, admití la dolorosa verdad. No me gustaba el tipo que me devolvía la mirada. Ese tipo era deshonesto. Él era egoísta. Y era impío en todos los sentidos. De alguna manera, el hombre en el espejo era a la vez vanidoso e inseguro. Popular y odiado. Divertido en el exterior y miserable en el interior. Aunque había alcanzado y logrado más de lo que yo había pensado que querría jamás, echaba de menos lo que realmente era necesario.

Afortunadamente, ante mi abismo de pecado, Dios se agachó y me levantó a través de Cristo. Por el poder de la Palabra de Dios y el amor de su Espíritu, me convertí en una nueva creación. Él lavó mis pecados. Me hice nuevo.

A veces Dios me recuerda lo que yo solía ser, como cuando un viejo amigo de la universidad se me acercó y dijo: «No puede ser...». Y a veces me da una visión espectacular de cómo me veo ahora. Aunque no soy perfecto y no voy a llegar a serlo en este lado del cielo, me detuve en seco recientemente por otro reflejo de mí.

En una reciente reunión con los líderes de nuestra iglesia, mi esposa Amy había pedido unirse a nosotros, algo que hace de vez en cuando. Yo esperaba que compartiera lo que había en su corazón e hiciera lo que hace tan bien: alentar, elevar y bendecir a la gente a su alrededor. Después de que nuestra reunión empezara, preguntó si podía hablar.

—Craig no sabe que voy a compartir esto —comenzó a decir Amy, y sonrió—, pero quiero contarles un poco sobre el Craig que no suelen ver.

Todo el mundo se echó a reír, incluido yo, esperando que contara alguna historia graciosa o embarazosa acerca de algo que yo había hecho en casa hacía poco.

Esperó a que nuestras risas disminuyesen y luego dijo:

—Lo que se ve de él cuando predica es solo una idea del hombre de Dios que realmente es —hizo una pausa para marcar claramente el cambio del estado de ánimo—. Como la mujer que ha estado casada con él durante más de veintiún años, quiero que sepan que Craig es la persona más santa que yo conozco. Él es humilde. Es fiel. Es abnegado. Es dedicado. Craig es sin duda mejor esposo para mí y mejor papá para nuestros hijos de lo que podía haber soñado jamás de niña.

Las lágrimas brotaron de mis ojos. Traté de hacer que regresasen, de actuar con frialdad, y sacudirme aquella poderosa emoción, pero nada podía detener mis sentimientos, porque salían de mi corazón.

Amy continuó y su voz se ahogaba en la emoción.

—Quiero que sepan que Craig está totalmente entregado a Cristo. Todo lo que hace es para la gloria de Dios. No puedo creer que Dios me permitiera estar junto al seguidor más fiel de Jesús que he conocido.

Y eso fue solo el comienzo. Amy continuó describiendo mi personaje durante casi diez minutos. Me retorcía de la vergüenza, abrumado, humillado, lleno de alegría, y sorprendido por su enorme regalo. Ni siquiera puedo describírtelo ahora sin emocionarme por el recuerdo de todas las cosas que dijo. Escuchar ese tipo de afirmación espiritual de la única persona en el mundo que me conoce mejor que nadie es sin duda alguna el regalo más significativo que jamás podría recibir a este lado del cielo.

COMIENZO DE EJERCICIO

Voy a ser todo lo transparente que soy capaz. Hay una gran parte de mí a la que le encanta, le encanta, le encanta que mi esposa sienta eso por mí. Pero hay una parte de mí infinitamente más grande que tiene que pararse y adorar al Dios que me ha cambiado, sabiendo que es solo gracias a él que todo lo que ella dijo sea verdad.

Te animo a ralentizar la lectura y ser honesto por un minuto. Si has crecido en torno a la iglesia o has sido cristiano por un tiempo, conoces la jerga demasiado bien: «Me salvó». «Jesús cambió mi vida». «Yo estaba perdido, pero ahora he sido encontrado». «Cuando conocí a Jesús, todo cambió».

Pero quiero pedirte que hagas una pausa por un momento. Céntrate y lee con toda tu atención. Vamos a reflexionar sobre una parte importante del terreno que hemos cubierto juntos en este libro.

Si hay algún aspecto de tu vida que no es agradable a Dios, Dios puede cambiarlo. ¿Hay alguna parte de tu vida que no te resulte agradable? Si luchas con inseguridades, dudas sobre ti mismo o inconsistencias espirituales, Cristo puede hacerte nuevo.

Recuerda, es por causa de Cristo, no es lo que otros dicen que eres. Tú eres lo que Dios dice que eres. ¿Quién eres? Bueno, no eres tu pasado. No eres lo que hiciste. No eres lo que otros han hecho. Eres un embajador de Cristo, el representante de Dios enviado del cielo a la tierra. Eres la obra maestra de Dios, creado en Cristo Jesús para hacer las buenas obras que Dios preparó de antemano para ti. Eres un vencedor por la sangre del Cordero y por la palabra de tu testimonio. Eres un hijo de Dios vivo y lleno del mismo Espíritu que resucitó a Cristo de entre los muertos.

No tienes que quedarte atrapado en tu propio valor o en tu falta de él. Tu valor no se basa en ti mismo. Eres valioso porque Dios dice que eres suyo.

Estoy orando para que Dios use las palabras de este libro para ayudarte a sacrificar cualquier pensamiento antiguo, insalubre, falso y no bíblico acerca de ti. Y que Dios te dé a conocer tu altar ego: quién eres en Cristo.

Por tanto, cuando sepas quién eres, sabrás qué hacer. Fortalecido por Cristo en ti, ahora puedes vivir una vida llena de integridad. Mientras que otros son constantemente ingratos, tú podrás ser lleno de gratitud hacia tu buen Dios por todo lo que está haciendo y por todo lo que ha hecho. En lugar de buscar la gratificación inmediata, nunca cambias lo definitivo por lo inmediato. Esperarás la perfecta voluntad de Dios en su tiempo perfecto. Y debido a quién él es, darás honra donde la honra es debida. No solo mostrarás honra libremente; podrás vivir honorablemente.

Y a medida que tu confianza en tu nueva estima de Cristo crece, también lo hará tu audacia. Porque conoces a Cristo, tendrás oraciones audaces, dirás palabras audaces y obedecerás a Dios sin temor alguno. Nunca volverás a ser tímido. Ya que las acciones audaces nacen de las creencias audaces.

Me gustaría presentarte a alguien nuevo. Así como Dios me hizo diferente, él hará lo mismo por ti. Por el poder del Cristo resucitado en ti, di adiós a quien eras y hola a quien puedes llegar a ser. Permíteme que te presente a quien estabas destinado a ser.

¡Conoce al nuevo tú!

Puede que hayas notado que he titulado este último capítulo «Presentación final». Ahora ya has sido presentado a quien realmente eres. Recordarás que en la escuela, cada vez que terminabas un nivel, tenías otro comienzo después. Lo que siempre me pareció un poco extraño cuando un niño, porque estaba centrado en la escuela intermedia o en la graduación de la escuela secundaria. Pero la palabra *comienzo* significa «principio», y en la vida como en la escuela, cada vez que te gradúas de una cosa, pasas a otra. Una vez que concluyes una cosa, eres presentado a otra.

Ahora que ya sabes quién eres, sabrás qué hacer. Y todo lo que hagas, hazlo para la gloria de aquél que te hizo nuevo.

agradecimientos

Gracias a todos mis amigos que ofrecieron su apoyo, aliento y ayuda con este libro. Estoy especialmente agradecido a:

Dudley Delffs. Eres el mejor de los mejores. Doy gracias a Dios por tu compañerismo en la edición, pero más aún por tu amistad.

Tom Dean, Cindy Lambert, Brian Phipps, y todo el equipo de Zondervan. Estoy eternamente agradecido por su corazón centrado en Cristo a la hora de publicar.

Tom Winters. Gracias por creer en mí y por representarme bien.

Brannon Golden. Nada de lo que escribo está completo sin tu contribución. Gracias por tu fidelidad a nuestra iglesia, a Cristo, y a mí como amigo.

Lori Tapp. Siempre contribuyes mucho más de lo que sabes. Gracias por tu lealtad, sacrificio, integridad y fidelidad.

Catie, Mandy, Anna, Sam, Stephen, y Joy. Me encanta verles crecer en su amor por Cristo. No hay padre más orgulloso de sus hijos de lo que yo estoy de ustedes.

Amy. Gracias por apoyarme y soportar juntos todos los desafíos (y bendiciones) del ministerio. Eres el amor de mi vida. Más que nada, me encanta tu pasión por Cristo. Quiero ser más como tú.

Nos agradaría recibir noticias suyas.
Por favor, envíe sus comentarios sobre este libro
a la dirección que aparece a continuación.
Muchas gracias.

Vida@zondervan.com
www.editorialvida.com